# A CONSERVAÇÃO

# DAS FLORESTAS

# TROPICAIS

2ª *edição*

**Sueli Angelo Furlan**
**João Carlos Nucci**

Coordenação: Sueli Angelo Furlan/Francisco Capuano Scarlato

Conforme a nova ortografia

ATUAL
EDITORA

*Copyright* © Sueli Angelo Furlan e João Carlos Nucci, 1999

**SARAIVA S.A. LIVREIROS EDITORES**
Rua Henrique Schaumann, 270 — Pinheiros
05413-010 — São Paulo — SP
Fone: (0xx11) 3613-3000
Fax: (0xx11) 3611-3308 — Fax vendas: (0xx11) 3611-3268
www.editorasaraiva.com.br
Todos os direitos reservados.

**Dados Internacionais de Catalogação na Publicação (CIP)**
**(Câmara Brasileira do Livro, SP, Brasil)**

---

Furlan, Sueli Angelo
 A conservação das florestas tropicais / Sueli Angelo Furlan, João Carlos Nucci ; coordenação Sueli Angelo Furlan, Francisco Capuano Scarlato. — São Paulo : Atual, 1999. — (Série Meio Ambiente)

Inclui suplemento de atividades para o aluno.
Bibliografia.
ISBN 978-85-357-0020-6 (aluno)
ISBN 978-85-357-0822-6 (professor)

1. Florestas tropicais 2. Florestas tropicais — Conservação I. Nucci, João Carlos. II. Scarlato, Francisco Capuano, 1939-. III. Título. IV. Série.

99-3081
CDD-574.52642

---

**Índice para catálogo sistemático:**

1. Florestas tropicais : Preservação : Ecologia    574.52642

**Meio Ambiente**

*Gerente editorial:* Wilson Roberto Gambeta
*Editora:* Vitória Rodrigues e Silva
*Assessora editorial:* Dolores Fernández
*Coordenadora de preparação de texto:* Maria Cecília F. Vannucchi
*Revisão de texto:* Pedro Cunha Jr. e Lilian Semenichin (coords.)
Lúcia Leal Ferreira/Ana Maria Alvares
*Pesquisa iconográfica:* Cristina Akisino

*Gerente de arte:* Edilson Félix Monteiro
*Editor de arte:* Celson Scotton
*Chefe de arte:* Renata Susana Rechberger
*Diagramação:* Adriana M. Nery de Souza
*Editoração eletrônica:* Silvia Regina E. Almeida (coord.)

**Colaboradores**

*Projeto gráfico:* Tania Ferreira de Abreu (miolo)
*Preparação de texto:* Salete Milanesi Brentan
*Mapas:* Mário Yoshida
*Ilustrações:* Alex Argosino
*Foto de capa e abertura de partes:* Bia Parreiras/Abril Imagens
Ricardo Azoury/Pulsar
*Foto de sumário e créditos:* Silvestre Silva/Angular

2ª edição/4ª tiragem
2010

Todas as citações de textos contidas neste livro estão de acordo com a legislação, tendo por fim único e exclusivo o ensino. Caso exista algum texto a respeito do qual seja necessária a inclusão de informação adicional, ficamos à disposição para o contato pertinente. Do mesmo modo, fizemos todos os esforços para identificar e localizar os titulares dos direitos sobre as imagens publicadas e estamos à disposição para suprir eventual omissão de crédito em futuras edições.

Visite nosso *site*: www.atualeditora.com.br
Central de atendimento ao professor:
0800-0117875 Demais localidades

Impressão e Acabamento: Gráfica Cherma

# A conservação das florestas tropicais

### SUPLEMENTO DO ALUNO

NOME: _____
ESCOLA: _____ ANO: _____ Nº: _____

Agora que você já leu o texto, responda às questões a seguir, que tratam dos aspectos centrais da obra. Dessa maneira, você tanto poderá verificar se, de fato, compreendeu a leitura como poderá desenvolver a importante habilidade de escrever. As questões são dissertativas, e você deve procurar ser objetivo, claro e sucinto, evitando transcrever longos trechos do livro. Também são apresentados temas para pesquisa, o que poderá complementar seus estudos, possibilitando, inclusive, que você estabeleça uma ligação entre o conteúdo do livro e a sua realidade particular. Estudos de campo são sempre atividades interessantes que ajudam a conhecer melhor o lugar em que vivemos.

## EXERCÍCIOS

**1.** Explique a relação existente entre as florestas tropicais e o clima na Terra.

**2.** Faça uma lista das funções das florestas tropicais.

**3.** O quadro abaixo refere-se aos rios da Amazônia. Acrescente os dados que faltam.

| Rios | Cor das águas | Nascente | Nutrientes | Visibilidade |
|---|---|---|---|---|
| Amazonas Madeira Purus Juruá | | | | |
| Tapajós Trombetas Xingu | | | | |
| Negro Urubu Uatumã | | | | |

4. Como se explica o fato de um solo ácido, bastante arenoso e muito pobre ser capaz de sustentar uma floresta exuberante como a Amazônica?

5. Qual a relação entre a diversidade da fauna encontrada nas florestas tropicais e a variedade de ambientes?

6. Construa um gráfico com base na tabela abaixo e observe o ritmo do desmatamento das florestas do Estado de São Paulo no período entre 1854 e 1990.

| Ano | 1854 | 1886 | 1920 | 1935 | 1952 | 1973 | 1990 |
|---|---|---|---|---|---|---|---|
| Total da área preservada % | 80 | 70 | 45 | 25 | 18 | 8 | 7 |

Fontes: Victor, M. A. M., op. cit.; FUNDAÇÃO SOS MATA ATLÂNTICA, op. cit.

7. Quais as causas do desmatamento das florestas tropicais?

8. Quais são as questões ambientais envolvidas na recuperação da floresta nas áreas desmatadas?

9. Quais as consequências da fragmentação das florestas?

10. Que procedimentos deveriam ser estabelecidos para reorientar os padrões de consumo, visando à conservação do meio ambiente?

11. Que precondições devem ser levadas em consideração para se alcançar um manejo sustentado da floresta?

12. Qual a importância dos projetos RECA e da implantação de microusinas para beneficiamento da castanha-do-pará na conservação das florestas tropicais?

13. Quais os problemas enfrentados pelas populações tradicionais que vivem nas áreas de unidades de conservação?

## SUGESTÕES DE PESQUISA

Propomos a seguir algumas atividades de pesquisa e discussão:

1. Identifique em seu Estado as unidades de conservação existentes, especificando sua categoria.

2. Procure saber se em sua região existem ou existiam populações tradicionais, como os povos indígenas, e quais dos seus hábitos e costumes poderiam nos ensinar a manejar melhor o meio ambiente. (Ver o item 'O que podemos aprender com as experiências conservacionistas dos povos indígenas?', no capítulo 13.)

3. Discuta com seus colegas a frase abaixo e pesquise exemplos de benefícios e de prejuízos causados pelo turismo em sua região: "Curiosamente o turismo degrada aquilo que é seu próprio recurso."

4. Organize, junto com a classe, uma excursão para uma área de floresta, para vivenciar na prática os temas tratados no livro e que dizem respeito às características de sua região.

5. Procure saber, por meio de entrevistas com comerciantes de sua cidade que vendem madeira destinada à construção civil, bem como com aqueles cujas lojas negociem portas, janelas e esquadrias de madeira, qual é o volume de madeira consumido pela população de seu município anualmente. Tente identificar a origem dessa madeira.

# APRESENTAÇÃO

*Dizem que o que todos procuramos é um sentido para a vida. Não penso que seja assim. Penso que o que estamos procurando é uma experiência de vida, no plano puramente físico, que tenha ressonância no interior do nosso ser e da nossa realidade mais íntimos, de modo que realmente sintamos o enlevo de estar vivos.*

Joseph Campbell

*A América Latina possui mais de 700 milhões de hectares de florestas naturais que contêm uma enorme variedade de ecossistemas. São florestas que vão desde as úmidas e densas — como as da bacia Amazônica, com sua enorme influência sobre o clima e o regime hídrico da região e do planeta — até as subantárticas e andinas, passando pelas subtropicais úmidas e pelas secas. O desmatamento em toda a região está estimado em 6 milhões de hectares por ano, o que representa cerca de 40% de todo o desmatamento mundial. Esse desmatamento é responsável por cerca de 60% das emissões latino-americanas de gases estufa.*

*Deter a perda desse patrimônio irreparável, aproveitá-lo cuidadosamente atendendo a sua variedade e vitalidade para o uso das populações locais, das sociedades latino-americanas e do mundo é um compromisso essencial das atuais gerações com as futuras.*

III Reunião Anual da Rede Latino-Americana de Bosques, 1997.

Existem muitos tipos de floresta no mundo. Neste livro trataremos de um tipo que para nós, brasileiros, é especialmente importante: as florestas pluviais tropicais. Particularmente, discutiremos questões como: O que é conservação de florestas tropicais? Por que discutir esse assunto? Qual a importância e atualidade desse tema? Quais os aspectos que envolvem a conservação? Como ela vem acontecendo no Brasil? Buscamos assim colaborar com a discussão sobre a conservação das florestas pluviais tropicais.

Em linhas bem gerais, quando falamos em conservação estamos pensando na utilização dos bens da natureza de tal forma que se garanta sua permanência. A conservação da natureza, em particular das florestas, é um assunto que pode ser abordado de muitos ângulos e tem sido encarado como um dos principais desafios das sociedades atuais. Utilizar sem destruir parece ser um lema que teremos de assimilar em nossa formação de cidadãos. E não basta defender o ambiente; é preciso passar a agir de outro modo. Por isso, muito se tem pesquisado, e as perguntas centrais que os estudiosos do assunto se colocam são: *como* e *para quem* conservar.

Nossa proposta neste pequeno livro é mostrar alguns aspectos dessa questão, analisando-os do ponto de vista socioambiental. Ou seja, em face dos conhecimentos acumulados sobre o funcionamento das florestas tropicais, tratamos do seu uso sustentável, da sua recuperação e, no caso específico do Brasil, das políticas públicas criadas para sua conservação. Discutimos, também, como e para quem a conservação das florestas se destina, procurando dar ao tema uma abordagem interdisciplinar.

Para Paulo, Lúcia e Victor, razão maior da felicidade.
Para Marina, com muito amor.

**PARTE 1 — FLORESTAS TROPICAIS: TODOS DEPENDEMOS DELAS**

**Capítulo 1 — As florestas tropicais como centrais energéticas: o que elas nos dão?** ...... 10

**Capítulo 2 — Qual a importância das florestas tropicais para o clima?** ...................... 12
A distribuição das florestas tropicais no mundo .............................................................. 12

**Capítulo 3 — A megadiversidade das florestas tropicais: uma questão histórica de adaptação** ....................................................... 16

**Capítulo 4 — Florestas Amazônicas** ................ 23
Matas de terra firme ............................................. 25
Matas de várzea .................................................... 28
Matas de igapó ...................................................... 29
Os solos da região amazônica .............................. 30

**Capítulo 5 — Matas Atlânticas** ......................... 32
As florestas costeiras ............................................ 32
Florestas do interior das regiões Sul e Sudeste do Brasil ..................................................... 36
A fauna .................................................................. 37

**PARTE 2 — SÉCULOS E SÉCULOS DE DESTRUIÇÃO**

**Capítulo 6 — Desmatamento: um problema antigo e complexo** ............................................. 40
As dimensões estruturais do desmatamento das florestas tropicais .................................................. 41
Fatores econômicos e o desmatamento das florestas tropicais ............................................ 46

**Capítulo 7 — O desmatamento nas florestas Amazônicas** ............ 48

Os números do desmatamento ............ 50

**Capítulo 8 — O desmatamento no domínio das matas Atlânticas** ............ 53

## PARTE 3 — CONSERVAÇÃO: CONHECER, RESPEITAR E USAR

**Capítulo 9 — Os fragmentos florestais e sua dinâmica** ............ 58

Como animais e plantas sobrevivem em fragmentos florestais? ............ 59
Fragmentos florestais e relações ecológicas ............ 62
Reflorestamento e fragmentos florestais na mata Atlântica ............ 63

**Capítulo 10 — Conservação das florestas tropicais e manejo de sistemas florestais** ...... 64

O manejo de florestas nativas ............ 65

**Capítulo 11 — Políticas de conservação das florestas tropicais no Brasil** ............ 70

Concepções inspiradas em modelos importados ............ 71
Um pouco de história ............ 74
As unidades de conservação e as florestas tropicais ............ 76
Áreas indígenas ............ 84

**Capítulo 12 — Recuperação e manejo das florestas tropicais: estratégias e princípios** ............ 85

Recuperação de pastagens degradadas na Amazônia ............ 86
Recomposição florestal e recuperação de áreas degradadas na mata Atlântica ............ 88

**Capítulo 13 — Os povos da floresta e a exploração sustentável das florestas tropicais** .............. 92

O que podemos aprender com as experiências conservacionistas dos povos indígenas? ............. 95

**Capítulo 14 — Conservação de florestas, educação ambiental, turismo e ecoturismo** ........................................ 98

A educação ambiental ............................................ 98
Turismo e ecoturismo ............................................ 99
Ecoturismo: uma nova onda turística? ................. 101

**Capítulo 15 — Conservação de florestas tropicais: um debate internacional** ............... 103

Alguns princípios internacionais para a conservação das florestas tropicais ..................... 103
A Convenção da Biodiversidade .......................... 105

Considerações finais ............................................ 105

**Glossário** ............................................................ 107

**Bibliografia comentada** .................................... 110

# PARTE 1

# FLORESTAS TROPICAIS: TODOS DEPENDEMOS DELAS

# Capítulo 1

# As florestas tropicais como centrais energéticas: o que elas nos dão?

As florestas tropicais cobrem 8% da superfície do planeta e, segundo estimativas, cerca de 50% de toda a madeira em crescimento que existe sobre a face do planeta está nelas localizada. Aproximadamente 40% da diversidade biológica que conhecemos para os ambientes terrestres também aí se encontra. Com tudo isso, é de imaginar que as florestas tropicais apresentem potencial para inúmeras outras finalidades além do fornecimento de madeira, embora esse continue sendo um dos seus principais produtos de extração e talvez o maior motivo de sua destruição.

As florestas tropicais estão desaparecendo a uma taxa anual de 15,4 milhões de hectares; ou seja, quase 1% de sua área desaparece a cada ano. Essa taxa, apesar de considerada muito alta, aumentou muito pouco desde a década de 1960. Como e por que o desmatamento dessas florestas ocorreu?

A utilização da madeira para diversas finalidades é muito antiga. Podemos dizer que o ser humano sempre dependeu das florestas, tanto para a construção de moradias e de meios de transporte quanto como fonte de alimento, de medicamentos, de energia combustível, etc. Apesar de o homem não ter surgido em ambiente florestal, a floresta está presente em toda a sua evolução cultural e até hoje, para muitos povos, ela representa muito mais do que simples fonte de recursos.

A importância econômica e estratégica das florestas foi reconhecida há milhares de anos. Elas tiveram papel fundamental nas guerras, por exemplo, como fonte de matéria-prima para a construção naval. No século XVIII, a Inglaterra reservou uma extensa área de florestas para suprir a construção de embarcações de combate durante a guerra de Independência americana. O desenvolvimento do interesse colonial britânico na Índia, durante os séculos XVIII e XIX, esteve muito associado ao fato de esse país possuir grandes reservas de madeira de lei para a construção naval. No Brasil, o primeiro recurso intensamente explorado pelos europeus, durante a colonização, foi o pau-brasil.

Durante a Revolução Industrial, as florestas também tiveram grande importância: a madeira foi utilizada na construção de edifícios e de máquinas e serviu como fonte de energia nas cidades industriais.

Ainda hoje, praticamente todas as grandes indústrias dependem da madeira,

---

Ao final da obra, apresentamos um pequeno glossário com alguns conceitos básicos sobre o assunto.

seja como matéria-prima, seja como fonte de energia, seja na construção do edifício em que estão instaladas. Mas basta olharmos a nossa volta para percebermos que esse recurso está presente em construções, no mobiliário, em utensílios, etc., e que, portanto, nossa própria vida também gira em torno do consumo de madeira, ou seja, do consumo de florestas.

Calcula-se que um cidadão norte-americano de classe média se utilize de madeira duas vezes mais do que de todos os metais juntos. Mas os países apresentam consumo bastante desigual e, apesar de as fontes de madeira para muitas finalidades serem hoje obtidas por meio da silvicultura — cultura de madeira —, a maior fonte do mundo ainda está nas florestas tropicais. Um hectare de floresta tropical pode conter mais de trezentas espécies de árvores.

Mas a dependência que temos da floresta está associada a diversos outros benefícios indiretos, como o controle climático. Alguns autores a consideram, do ponto de vista ecológico, uma central energética, por seu papel na produção de biomassa e nos fluxos energéticos do ecossistema que controlam. É o caso, por exemplo, da regulação da descarga das águas da chuva, da manutenção dos solos e de sua drenagem. O desmatamento, porém, impede a floresta de exercer essa função essencial, o que traz consequências nefastas, como a perda de perenização de drenagem. No caso das cidades, a destruição total da cobertura vegetal e a impermeabilização do solo colaboram para a ocorrência de enchentes.

Outros papéis importantes que as florestas desempenham são a manutenção da qualidade da água, a estabilização das vertentes e o controle dos processos erosivos. Elas também são abrigo para a fauna silvestre, fonte de recursos farmacológicos, de alimentos, etc.

Por isso, quando pensamos nas florestas apenas como fonte de madeira, estamos reduzindo seu imenso potencial a uma única finalidade. Mais ainda: como a madeira é obtida por meio do desmatamento, ao explorarmos esse recurso indiscriminadamente, eliminamos a possibilidade de usufruir de todos os outros benefícios que as florestas oferecem. É preciso, ainda, considerar que o desmatamento sacrifica os povos da floresta, eliminando as formas de conhecimento ecológico que essas sociedades desenvolveram e que não implicam destruição ambiental. A conservação das florestas é, por todos esses motivos, uma meta realmente complexa.

*Extração de mogno na floresta Amazônica. O desmatamento é seletivo, atingindo apenas as grandes árvores que têm maior valor econômico.*

# Capítulo 2

# Qual a importância das florestas tropicais para o clima?

## ■ A distribuição das florestas tropicais no mundo

O clima é o principal fator controlador da distribuição das florestas tropicais no mundo. As florestas tropicais encontram-se em regiões que possuem clima quente e úmido ao longo de todo o ano. Porém, em regiões onde existe uma curta estação seca durante o ano, também podem-se encontrar florestas tropicais, como as florestas de monção, localizadas a oeste da Índia, na Guiné, e no sudeste da Ásia. Essa floresta, condicionada a uma estação seca no inverno e a uma estação chuvosa no verão, é constituída por árvores com porte entre 25 e 35 metros de altura, o que lhes dá uma configuração de "dois andares", e a maioria perde as folhas no período seco. Por essas características, a floresta de

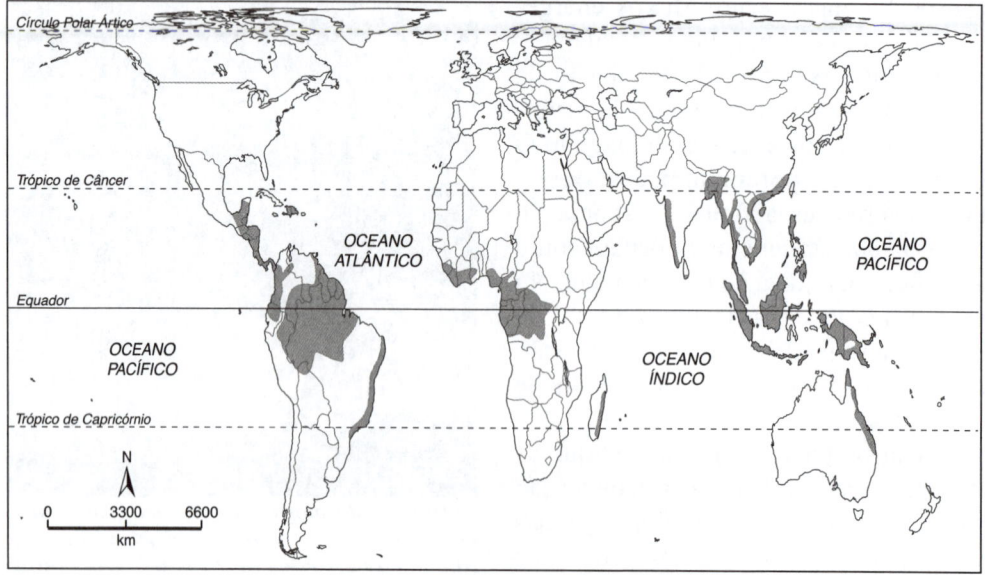

**Distribuição das florestas tropicais no mundo**

*Fonte: Atlas do meio ambiente do Brasil.* Brasília: Terra Viva, 1994.

monção é classificada como floresta tropical pluvial sazonal. A floresta Amazônica, ao contrário, não passa por longos períodos secos e é mais exuberante, por possuir condições mais propícias ao desenvolvimento da flora e da fauna.

É sabido que não existem dois ambientes totalmente iguais. Dependendo da escala territorial analisada, pode-se tanto fazer agrupamentos de paisagens semelhantes como distinguir essas paisagens entre si. Com a temperatura, a quantidade de chuva e os tipos de solo ocorre o mesmo: variam de lugar para lugar. Como as condições históricas de formação desses ecossistemas também foram diferentes, fica claro que a estrutura das florestas — altura das árvores, número de estratos, tipo de cobertura proporcionado pelas copas, diversidade de espécies e de subespécies, etc. — não é igual. Dependendo do tipo de estudo da paisagem que se faça, essas diferenças podem ser importantes ou desprezíveis. No caso da classificação dos ecossistemas terrestres, particularmente das florestas, além do problema da diversidade em suas estruturas, outro fator complicador são as condições climáticas, pois elas variam muito no tempo e no espaço. Deve-se acrescentar, ainda, o fato de que algumas vezes o mesmo termo é empregado para dar nome a diferentes paisagens. *Floresta equatorial*, por exemplo, é um termo empregado por muitos autores para classificar as florestas tropicais da bacia Amazônica, da porção leste da América Central, da bacia do Congo, na África, do sudeste da Ásia (Vietnã, Malásia, Sumatra, Java) e do nordeste da Oceania. Todas essas florestas estão situadas ao redor da linha do equador, onde o índice de pluviosidade costuma ser bastante alto. Porém, existem regiões nas quais os índices pluviométricos são ainda maiores do que os encontrados na zona equatorial. No sudeste do Brasil, no leste de Madagáscar (África) e no nordeste da Austrália, por exemplo, os ventos sopram de sudeste carregados de umidade proveniente dos oceanos, propiciando a sustentabilidade de florestas úmidas. Sendo assim, o termo *floresta equatorial* não abrange as florestas úmidas existentes fora da zona equatorial e, consequentemente, é aconselhável substituí-lo por *floresta tropical* (*tropical forest*) ou por *floresta tropical pluvial* (*tropical rain forest*), que é como essas florestas são conhecidas no mundo todo. Pode-se dizer que as florestas tropicais se encontram ao longo de uma faixa que compreende as regiões próximas da linha do equador na África, na Ásia, em numerosas ilhas do oceano Pacífico, na América do Sul e na América Central. Fora dessa faixa existem florestas tropicais no leste de Madagáscar, no nordeste da Austrália e ao longo da costa brasileira, com alguns avanços para o interior, onde são conhecidas como matas Atlânticas.

Como pudemos observar, a distribuição das florestas tropicais é diretamente influenciada pelas condições climáticas, principalmente pela umidade. As áreas onde existe combinação de temperaturas constantemente altas e precipitação pluvial abundante e bem distribuída durante o ano todo apresentam, portanto, um clima tropical chuvoso, capaz de sustentar uma floresta tropical. Na região intertropical, o principal fator controlador da distribuição das florestas tropicais é o volume e a distribuição das chuvas, já que as temperaturas são bastante uniformes. Esses fatores, por sua vez, são influenciados pela umidade trazida dos oceanos, pelas massas de ar e pela topografia, como no caso das matas Atlânticas.

Todavia, essa visão unidirecional de que é o clima que determina o tipo de formação vegetal está sendo substituída por uma interpretação segundo a qual existe uma interação dinâmica entre a floresta e o clima, que também é condicionado pelos outros elementos constituintes da paisagem. Então, não só a floresta depende do clima, mas o clima depende da floresta. Trabalhos realizados por Eneas Salati, ex-diretor do Instituto Nacional de Pesquisas da Amazônia (INPA), mostraram que 75% da chuva que cai nas áreas mais densas da floresta Amazônica retorna à atmosfera na forma de vapor, por evapotranspiração.

Considerando-se a Amazônia como um todo, com áreas de cerrado em enclaves e regiões montanhosas, essa porcentagem de evaporação cai para 50%. Então, pode-se dizer que metade da precipitação sobre a floresta Amazônica é proveniente da evaporação local e que o restante é trazido do oceano Atlântico pelos ventos alísios (ventos quentes e úmidos). Com base nisso, levantou-se a hipótese de que na Amazônia a floresta não seria uma simples consequência do clima; o atual equilíbrio climático é que dependeria de uma interação entre a atmosfera e a cobertura vegetal. Assim, o desmatamento da floresta teria consequências sobre o clima não só da região amazônica, mas de uma área muito maior. Haveria uma diminuição da evapotranspiração e, portanto, uma redução da quantidade de vapor-d'água disponível na atmosfera. Isso resultaria em uma menor precipitação, prolongamento de períodos de seca, déficit de água no solo, maiores oscilações da temperatura. Como existe um fluxo de vapor-d'água da região Norte para a região Sul durante o ano todo, o desmatamento faria com que uma parte da umidade que propicia as chuvas da região central da América do Sul não alcançasse essa região, acarretando uma diminuição das chuvas nas cabeceiras de muitos rios que alimentam grandes bacias, como a própria bacia Amazônica. Isso provocaria alterações não só no potencial hidrelétrico brasileiro, mas em todo o ecossistema hídrico das bacias atingidas. Luiz Carlos Molion, climatologista do Instituto de Pesquisas Espaciais (INPE), explica que existem quatro regiões ao longo da linha do equador onde há ascensão de ar: Indonésia (norte da Austrália), ba-

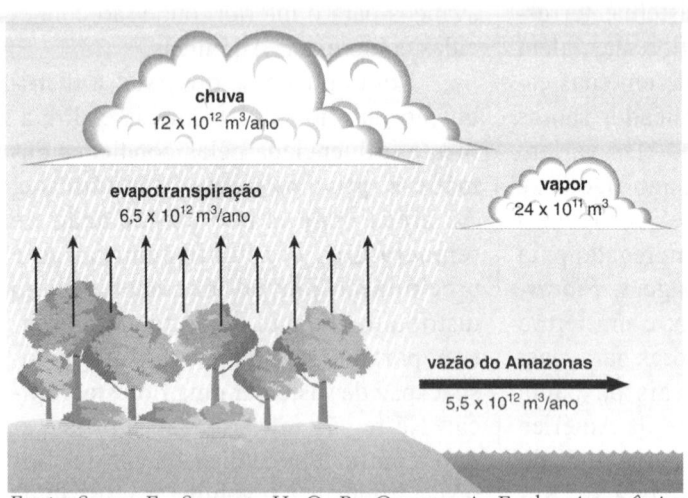

*Fonte:* SALATI, E., SHUBART, H. O. R., OLIVEIRA, A. E. de. *Amazônia*: desenvolvimento, integração e ecologia. INPA/CNPq, 1983.

**O balanço de água da bacia Amazônica indica que, em média, o total de precipitação é da ordem de $12 \times 10^{12}$ m³ por ano; a vazão do rio Amazonas, da ordem de $5,5 \times 10^{12}$ m³ por ano e a evapotranspiração, incluindo a evaporação e a transpiração, da ordem de $6,5 \times 10^{12}$ m³ por ano.**

cia do Congo, bacia do Amazonas e Zona de Convergência Intertropical (faixa ao longo da linha do equador).

Nessas áreas ocorre uma ascensão de ar ricamente carregado de vapor-d'água, capaz de reter, na forma de calor, boa parte da energia solar incidente na faixa equatorial. Esse calor, juntamente com a umidade, é transferido para as regiões extratropicais. Portanto, além de fonte de vapor-d'água para as chuvas, essas quatro regiões também são fonte de calor para as zonas temperadas com deficiência de energia e umidade.

Desse cinturão latitudinal, entre 12 ºN e 10 ºS, 7% são ocupados pela floresta Amazônica e 30% das áreas terrestres estão em seu interior. Devido a sua grande extensão, a Amazônia é certamente uma importante fonte de calor para o clima do mundo. Segundo Molion, o desmatamento em grande escala na Amazônia tornaria as regiões extratropicais mais frias, trazendo efeitos maléficos para a produção de grãos no planeta, já que as zonas temperadas são as maiores produtoras de milho e trigo. Ao mesmo tempo, sendo a floresta Amazônica um reservatório de carbono, o desmatamento, principalmente pelo método mais utilizado — as queimadas —, liberaria na atmosfera grande quantidade de gás carbônico, principal elemento mantenedor do efeito estufa, fazendo com que as temperaturas no planeta se elevassem. Apesar de essas duas situações serem antagônicas, ainda de acordo com Molion não ocorreria um equilíbrio entre elas.

Há tempos acreditava-se, sem fundamentação científica, que a floresta Amazônica seria o "pulmão do mundo", isto é, uma grande fonte de fornecimento de oxigênio para o planeta. Na verdade, o oxigênio que proporciona a vida terrestre provém, em grande parte, das algas que habitam os oceanos. Afirma-se que, quando uma floresta atinge seu estágio climácico, ou seja, a sua maturidade, a taxa de fotossíntese se iguala à taxa de respiração, e, então, todo o oxigênio produzido na fotossíntese é consumido na respiração do ecossistema. Pesquisas recentes mostram que a Amazônia funciona como um "filtro" do planeta, absorvendo gás carbônico proveniente da queima de combustíveis fósseis e madeira. Em outras palavras, a floresta absorve uma quantidade de gás carbônico da atmosfera maior do que a quantidade de que libera.

Isso pode ser compreendido estudando-se os mecanismos fotossintéticos. A realização da fotossíntese depende de vários fatores, como água, luz, temperatura e gás carbônico. Os três primeiros fatores não faltam na região tropical; portanto, nesse caso, o fator limitante da fotossíntese é a pequena quantidade de gás carbônico existente na atmosfera na Amazônia. O aumento da concentração desse gás permitiria um aumento na taxa de fotossíntese e no armazenamento de carbono na floresta. O que intriga os pesquisadores é que, como a floresta não está crescendo devido ao armazenamento de carbono em suas moléculas, não se sabe para onde esse carbono estaria indo. Como existem muitos elementos que fazem parte desse complexo ecossistema e que interagem entre si em diferentes formas e caminhos, torna-se difícil precisar as consequências para o clima oriundas de um grande desmatamento das florestas tropicais; é certo, porém, que essas consequências alcançariam resultados planetários.

# Capítulo 3

# A megadiversidade das florestas tropicais: uma questão histórica de adaptação

O ambiente terrestre com maior biodiversidade é o das florestas tropicais. Nele encontram-se as melhores condições que o meio físico pode proporcionar: pluviosidade bem distribuída durante o ano todo e temperaturas altas e constantes, que facilitam o desenvolvimento de uma ampla variedade de plantas e, consequentemente, o aparecimento de diversos suportes para a vida animal. Enquanto em outras partes do mundo fatores como a falta de água, baixas temperaturas e menor energia luminosa são limitadores do desenvolvimento da vida, nas zonas onde ocorrem as florestas tropicais esses fatores são encontrados nas formas ideais. Em ambientes de grandes dimensões e que por milhares de anos mantêm as condições propícias para a sua ocupação por plantas e animais, provavelmente se desenvolverá uma grande biodiversidade. Todavia, só o fato de as florestas tropicais terem se desenvolvido dentro dessas condições ideais não explica totalmente a biodiversidade que apresentam. As oscilações do clima no passado, intercalando períodos secos e úmidos, desempenharam papel tão importante quanto a estabilidade na determinação da evolução das espécies encontradas nas florestas tropicais.

O longo tempo de convivência entre os seres vivos certamente foi importante para o surgimento de espécies por coevolução de relações inter e intraespecíficas. Encontram-se nessas florestas situações em que uma única espécie de abelha é capaz de polinizar, por mecanismo muito sofisticado, certa espécie de orquídea, de forma que, se o inseto desaparecer, essa orquídea também desaparecerá.

Para alcançarem essa complexa interação, a abelha e a orquídea tiveram que evoluir juntas (processo a que chamamos coevolução, coadaptação ou evolução recíproca), acumulando modificações em suas estruturas e tornando, assim, a polinização mais eficiente. Outras flores e insetos também passaram por evolução recíproca e, em cada caso, os detalhes da estrutura das flores adaptam-se perfeitamente às modificações no inseto que as poliniza.

A grande diversidade das florestas tropicais nunca poderia ser mantida se as árvores lançassem suas sementes apenas em áreas próximas de suas copas. Esse procedimento organizaria os indivíduos na floresta em grupos e a grande diversidade de espécies por área não ocorreria. A dispersão das sementes e dos frutos, juntamente com a polinização, colabora para a manutenção da composição mista da floresta.

Mas, para entendermos como surgiu essa enorme biodiversidade, temos que compreender os mecanismos de especiação de que se utiliza a natureza.

Sabe-se por pesquisas que há duzentos milhões de anos todos os continentes que hoje se conhecem formavam uma única massa de terra chamada Pangeia. Com o passar do tempo, essa massa foi se dividindo e, por volta de setenta milhões de anos atrás, o isolamento entre suas partes tornou-se quase total. Dessa forma, áreas da América do Sul, da África, de Madagáscar, da Índia e da Austrália, que hoje são cobertas pelas florestas tropicais, permaneceram separadas pelos oceanos por um longo período, o que proporcionou o surgimento de espécies diferentes e características, conforme o local, de fauna e flora.

Sabe-se que para o surgimento de novas espécies é fundamental que determinada população divida-se em dois ou mais grupos, que esses grupos vivam separadamente por um período de tempo para que, não ocorrendo trocas de genes entre eles, possam surgir novas espécies.

**Depois que a espécie surge, o que acontece com ela?**

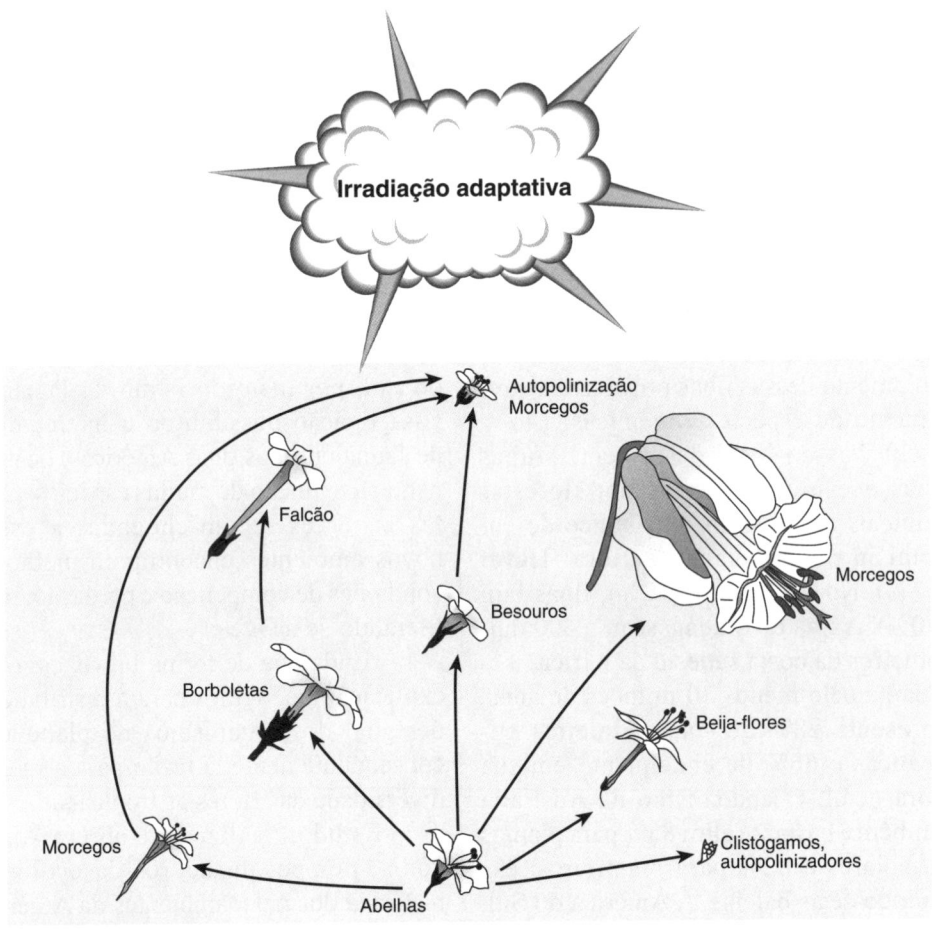

© 1963 by McGraw-Hill Book Co.

## Diagrama hipotético mostrando dois processos pelos quais podem surgir novas espécies

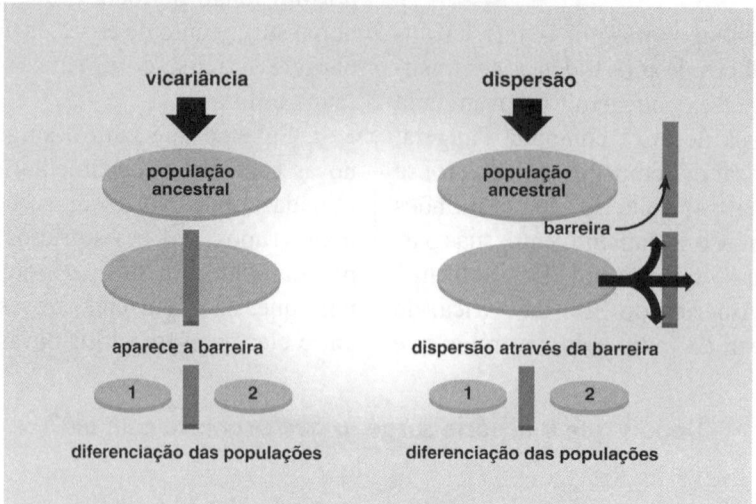

*Na vicariância, uma população é fragmentada pelo surgimento de barreiras. Após a fragmentação, as novas populações evoluem paralelamente. Na dispersão, a barreira surge e uma parcela da população consegue ultrapassá-la. As duas novas áreas também evoluem separadamente.*

A ocorrência desse fenômeno nas ilhas oceânicas — portanto, afastadas dos continentes — as tornam verdadeiros laboratórios para os evolucionistas. O isolamento dessas ilhas provoca o aparecimento de espécies endêmicas, isto é, exclusivas do local de origem. Muitas ilhas oceânicas cobertas por florestas tropicais apresentam alto índice de endemismo com relação à flora: Havaí (97%), Nova Zelândia (72%), Ilhas Fuji (70%). A ilha de Madagáscar, a 400 quilômetros da costa sudeste da África, isolada há pelo menos 30 milhões de anos, apresenta 98% de suas palmeiras endêmicas e 66% de endemismo em sua flora geral. O endemismo na Austrália também é bastante alto: 85% para plantas vasculares e 82% para mamíferos, excluindo-se as baleias. A América do Sul, que ficou 70 milhões de anos totalmente separada dos outros continentes, também desenvolveu grande quantidade de espécies endêmicas.

Há 5 milhões de anos restabeleceu-se a ligação entre as Américas do Norte e do Sul, por meio do Istmo do Panamá. Essa ligação possibilitou o intercâmbio de fauna entre as duas Américas, ocasionando a extinção de muitas espécies. Certas espécies recém-chegadas a esses novos ambientes encontraram melhores condições de competição e predação, proliferando-se na área.

Ainda que de forma breve, essa é a explicação que temos para a distribuição desigual dos organismos no planeta e, consequentemente, a razão para a megadiversidade das florestas tropicais.

Estudos realizados sobre a Amazônia, por pesquisadores da evolução histórica dos paleoambientes da América do Sul, vêm possibilitando uma maior compreensão sobre o processo que levou

## Formações geológicas predominantes na bacia Amazônica e terrenos situados à cota 200 metros

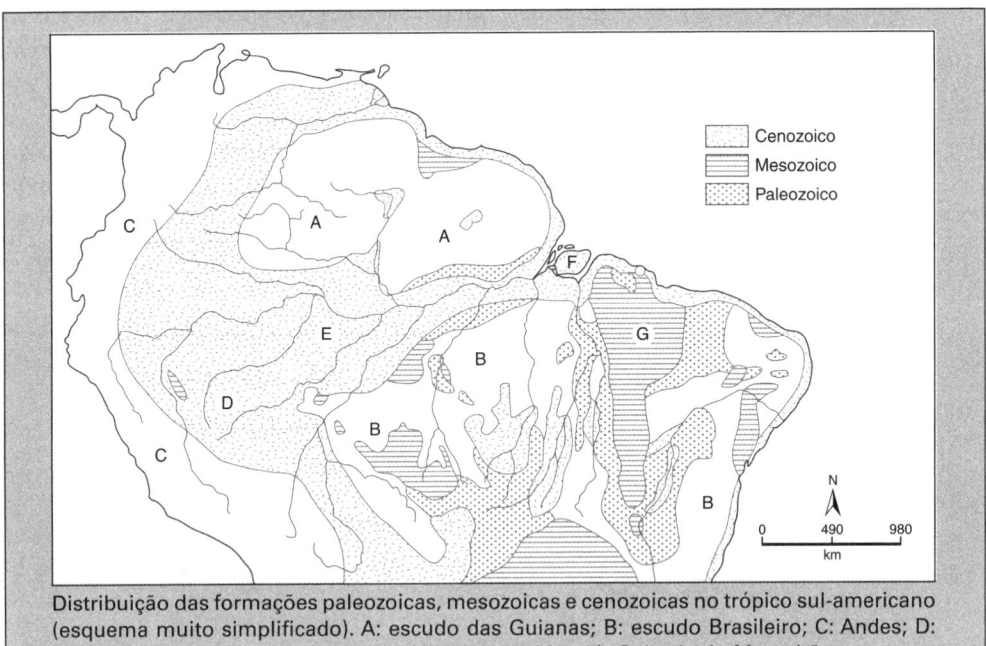

Distribuição das formações paleozoicas, mesozoicas e cenozoicas no trópico sul-americano (esquema muito simplificado). A: escudo das Guianas; B: escudo Brasileiro; C: Andes; D: bacia do Acre; E: bacia do Amazonas; F: bacia de Marajó; G: bacia do Maranhão.

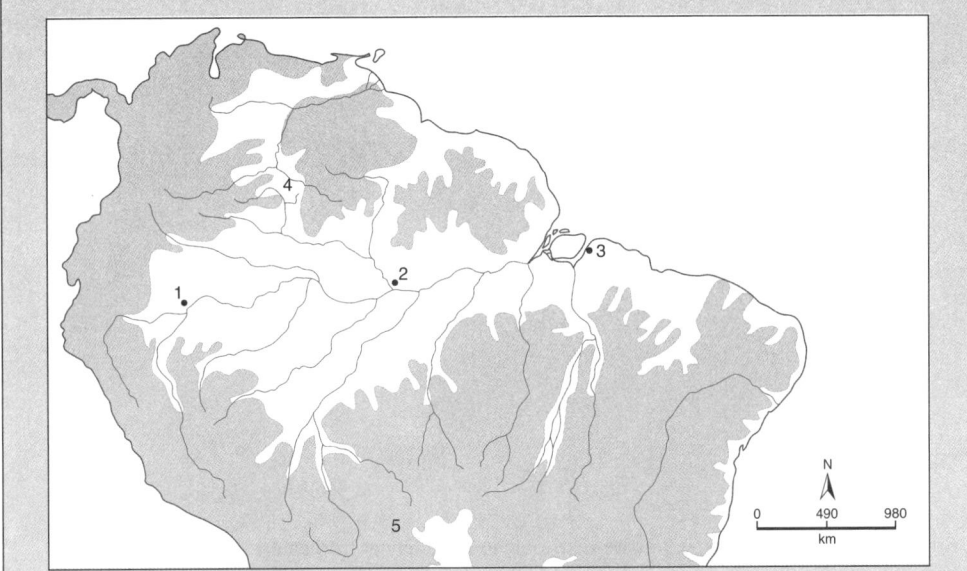

Grande extensão da Amazônia está situada abaixo de 200 metros de altitude. 1: Iquitos, no Peru (107 metros); 2: Manaus (nível da água do rio Negro durante a seca, cerca de 15 metros sobre o nível do mar); 3: Belém; 4: canal de Cassiquiare, ligando as bacias dos rios Negro e Orenoco, a 114 metros de altitude; 5: região do divisor de águas das bacias dos rios Madeira/Amazonas e Paraguai (cerca de 300 metros).

*Fonte:* SALATI, E., SHUBART, H. O. R., OLIVEIRA, A. E. de, op. cit.

à megadiversidade verificada naquela região.

Esses estudos mostraram que, há 12 milhões de anos, a região hoje ocupada pela planície Amazônica consistia numa continuação do oceano Atlântico, que penetrava na região por duas entradas: uma ao norte das Guianas e outra mais ao leste da Amazônia. A faixa que margeia a atual cordilheira dos Andes no seu lado oriental constituía ainda outra via de acesso dos seres vivos ao sul do Brasil. Hoje em dia encontram-se na região amazônica dentes de tubarões e fósseis dos atuais botos, peixes-boi e arraias, evidências desse mar interior do passado.

O mar amazônico dividiu a América do Sul em três regiões: Escudo das Guianas, Escudo Brasileiro e Andes (veja mapas a seguir). Essas áreas isoladas de florestas tropicais puderam, por milhares de anos, originar espécies diferentes, au-

**Refúgios florestais hipotéticos na Amazônia**

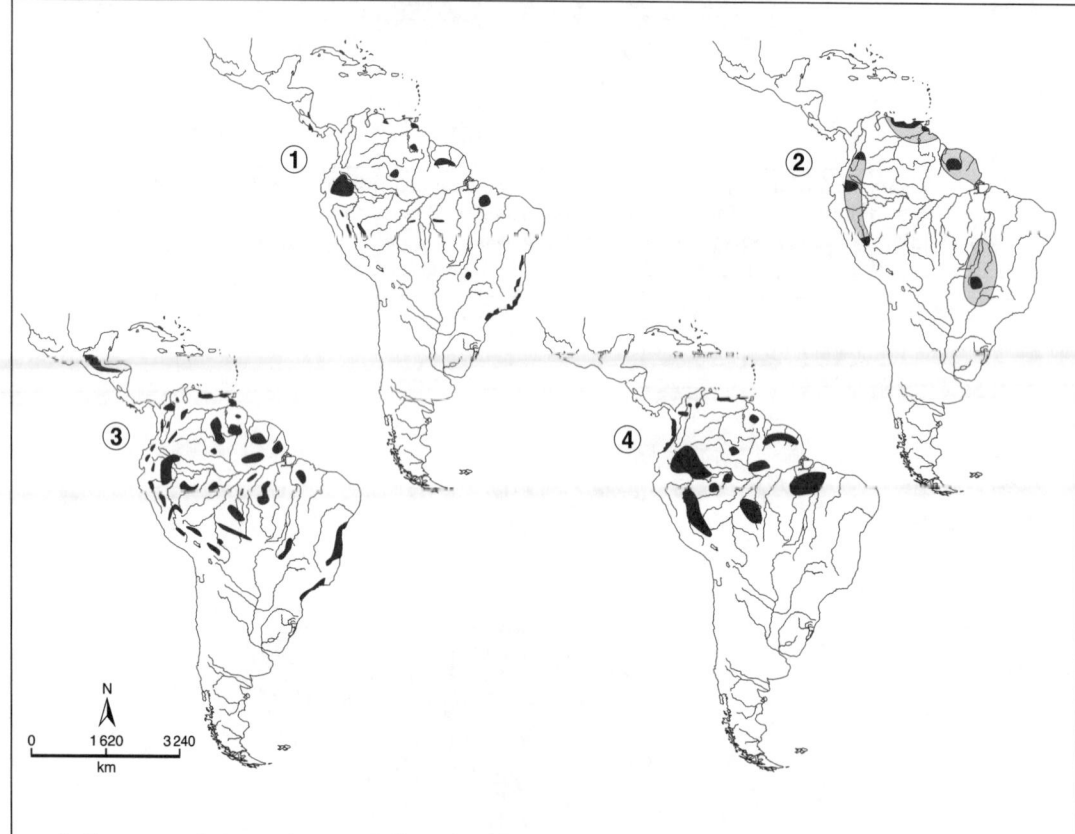

1. Reconstrução baseada no padrão de distribuição de aves neotropicais.
2. Reconstrução baseada na estrutura populacional de répteis amazônicos (grupo de *Anolis chrysolepis*); refúgios em negro, áreas nucleares hachuradas.
3. Reconstrução baseada na análise de borboletas *Heliconius*.
4. Reconstrução baseada na análise da distribuição de quatro famílias de árvores amazônicas.

*Fonte:* SIOLI, Harald. *Amazônia*: fundamentos da ecologia da maior região de florestas tropicais. Petrópolis: Vozes, 1985.

mentando assim a biodiversidade. Por volta de 7 milhões de anos atrás, a formação da cordilheira dos Andes inverteu a direção da drenagem naquela região, dando origem ao rio Amazonas e seus afluentes. Durante os últimos 2 milhões de anos ocorreu a união dessas três áreas.

Para muitos evolucionistas, essa divisão e posterior coalescência potencializaram o aparecimento de novas espécies.

Nestes últimos 2 milhões de anos, período conhecido como Quaternário, encontram-se os mais numerosos registros sobre as formações da flora e da fauna da Amazônia. Estudos demonstram a ocorrência de oscilações entre períodos glaciais semiáridos e períodos interglaciais mais úmidos como o período atual — que foram acompanhadas pelo surgimento de formações vegetais que também oscilaram entre cerrado e floresta tropical.

Eras glaciais são períodos da história do planeta em que ele sofreu um esfriamento generalizado. Esses períodos se repetem a cada 150 milhões de anos, com duração de alguns milhões de anos. Sabe-se que a floresta tropical sofreu nos últimos 60 mil anos quatro períodos de recuo e que a última glaciação, há 18 mil anos, provocou a diminuição geral da umidade e da chuva, favorecendo assim a formação de cerrados, em detrimento das florestas. Entretanto, as florestas úmidas não desapareceram nesses períodos mais secos, mas recuaram e permaneceram, de modo menos proeminente, nas áreas mais úmidas. Formaram-se, então, "refúgios", "ilhas" de matas tropicais isoladas por áreas de cerrado. Essas "ilhas", que já apresentavam grande biodiversidade, mas estavam isoladas umas das outras, evoluíram de maneiras diferentes. Em cada uma delas surgiram novas espécies, aumentando ainda mais sua biodiversidade.

Essa é uma das razões de se encontrarem frequentemente duas ou mais espécies de um mesmo gênero bem aparentadas, crescendo lado a lado no mesmo hábitat na Amazônia. Essa explicação é conhecida como Teoria dos Refúgios e foi elaborada pelo alemão Juergen Haffer (ornitólogo) e pelos brasileiros Paulo Emílio Vanzolini (zoólogo) e Aziz Ab'Sáber (geógrafo). Então, pode-se dizer que há 10 mil anos a região Amazônica era ocupada por cerrados com "ilhas" de florestas tropicais e atualmente ela é coberta por florestas com "ilhas" de cerrado e campos.

Apesar de os mecanismos evolutivos de formação de novas espécies terem agido em todas as partes do mundo, entre todas as florestas tropicais do planeta, as da América do Sul são as que contêm a maior biodiversidade. Isso pode ser explicado pelo fato de a América apresentar diversidade de solos, de cadeias de montanhas e de ecossistemas maior que a África, por exemplo, e por ter o continente africano sofrido durante o período Quaternário maior influência das oscilações entre épocas mais secas e épocas mais úmidas, o que exterminou as plantas mais sensíveis. Acrescente-se a isso que a ação humana vem destruindo os ecossistemas africanos há muito mais tempo do que vem exterminando os ecossistemas da América do Sul. Já a floresta tropical australiana perde para o continente americano em biodiversidade devido à sua pequena extensão. Além disso, com a instalação dos europeus na Austrália, muitos ecossistemas foram radicalmente simplificados e fragmentados, além de terem sido ali introduzidos plantas e animais exóticos.

## Uma distribuição desigual

Só de 1990 até hoje, sete espécies de macacos, duas de aves, alguns roedores e dezenas de peixes e sapos novos foram encontrados na Amazônia e descritos pelos cientistas. Apenas no Parque Nacional do Jaú, em cinco anos de estudo, foram descobertas doze novas espécies de peixes, duas de sapos, dois roedores e duas árvores. Numa reserva indígena no Xingu, os pesquisadores acharam quatro sapos e um novo papagaio [...] A floresta Amazônica merece respeito. Dentro dela existem entre 5 milhões e 30 milhões de plantas diferentes. Não se sabe o número preciso porque poucas foram estudadas. Mas só as que têm nome e sobrenome (gênero e espécie identificados) somam 30 000 e representam 10% das plantas de todo o planeta. [...] Com relação a peixes de rios, a Amazônia é insuperável. Ali nadam entre 2 500 e 3 000 espécies diferentes. Apenas no rio Negro, já foram descritas 450 espécies. Em toda a Europa, as espécies de água doce não passam de 200.

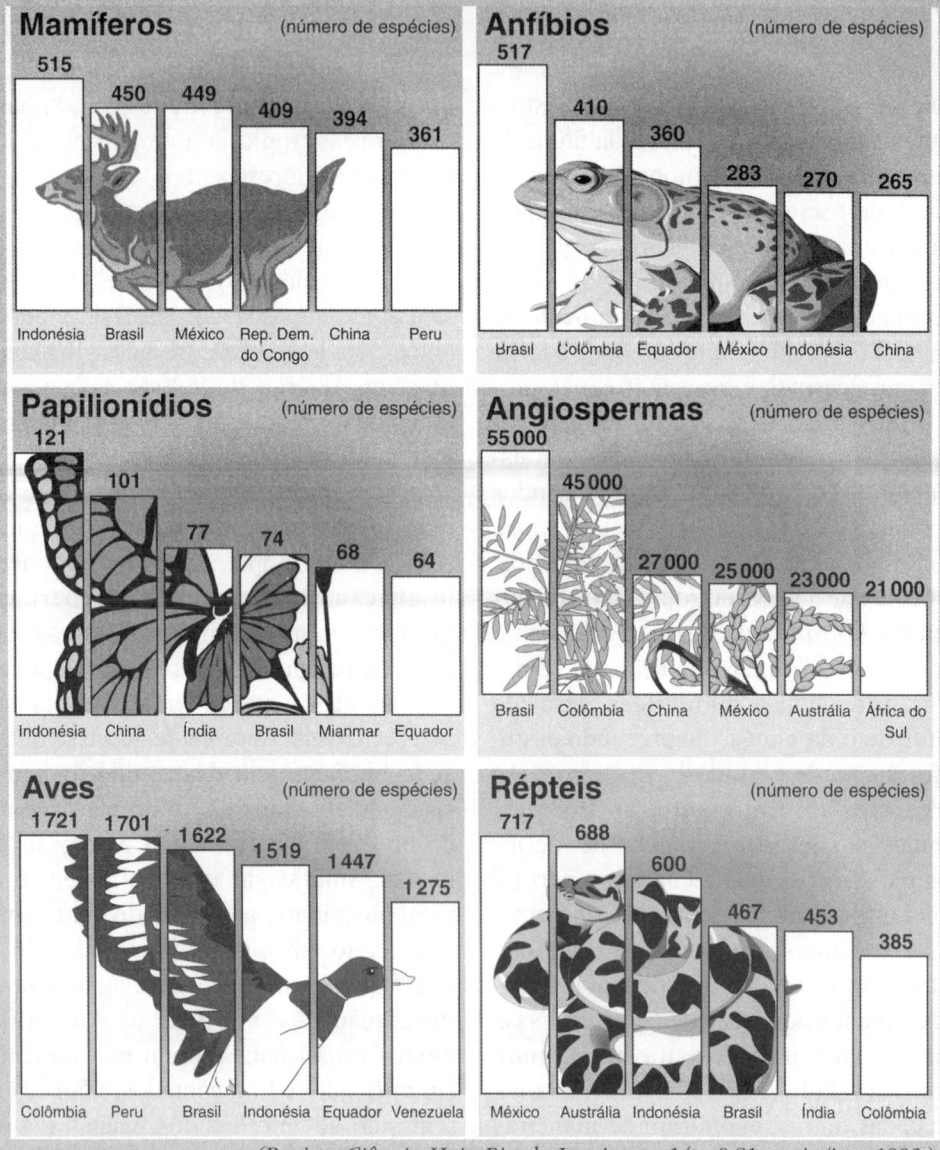

**Mamíferos** (número de espécies)
| Indonésia | Brasil | México | Rep. Dem. do Congo | China | Peru |
|---|---|---|---|---|---|
| 515 | 450 | 449 | 409 | 394 | 361 |

**Anfíbios** (número de espécies)
| Brasil | Colômbia | Equador | México | Indonésia | China |
|---|---|---|---|---|---|
| 517 | 410 | 360 | 283 | 270 | 265 |

**Papilionídios** (número de espécies)
| Indonésia | China | Índia | Brasil | Mianmar | Equador |
|---|---|---|---|---|---|
| 121 | 101 | 77 | 74 | 68 | 64 |

**Angiospermas** (número de espécies)
| Brasil | Colômbia | China | México | Austrália | África do Sul |
|---|---|---|---|---|---|
| 55 000 | 45 000 | 27 000 | 25 000 | 23 000 | 21 000 |

**Aves** (número de espécies)
| Colômbia | Peru | Brasil | Indonésia | Equador | Venezuela |
|---|---|---|---|---|---|
| 1 721 | 1 701 | 1 622 | 1 519 | 1 447 | 1 275 |

**Répteis** (número de espécies)
| México | Austrália | Indonésia | Brasil | Índia | Colômbia |
|---|---|---|---|---|---|
| 717 | 688 | 600 | 467 | 453 | 385 |

(Revista *Ciência Hoje*, Rio de Janeiro, v. 14, nº 81, maio/jun. 1992.)

# Capítulo 4

# Florestas Amazônicas

As grandes extensões de florestas tropicais brasileiras, situadas na região amazônica não constituem formações homogêneas, podendo ser subdivididas em vários outros tipos de floresta: de terra firme, de igapós, de encosta e de planícies, entre outras.

A maior extensão contínua de florestas tropicais do mundo encontra-se onde

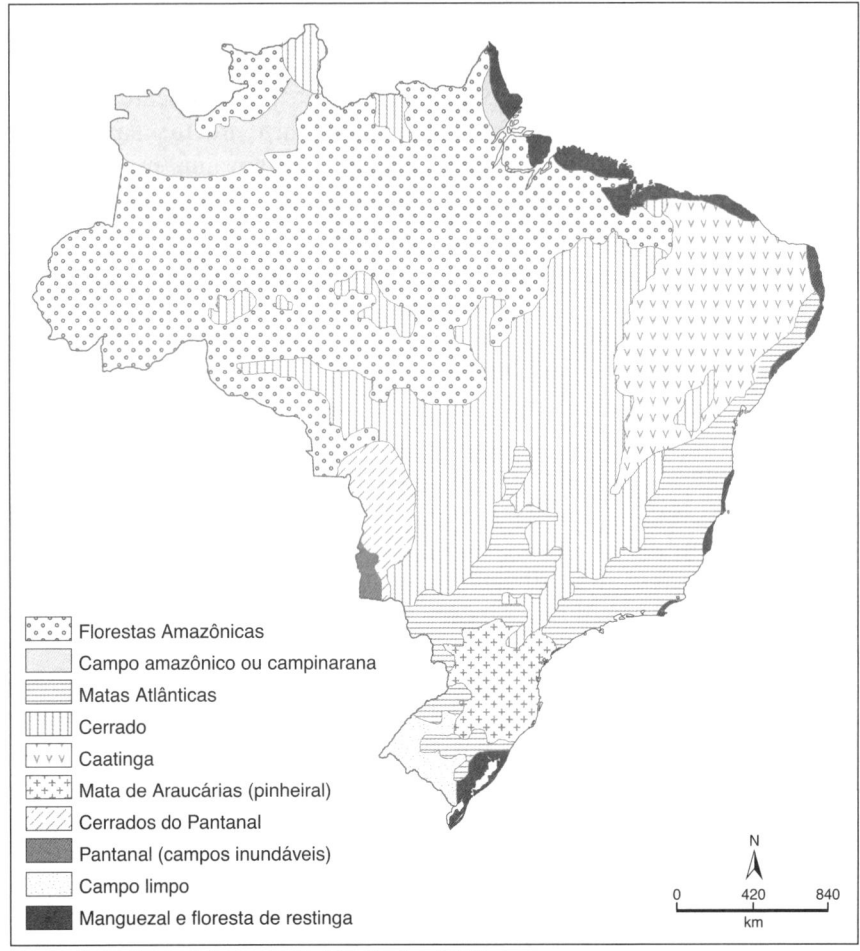

*Fonte:* Agenda ecológica 1993. São Paulo: IBEP.

as temperaturas médias anuais giram entre 26 e 27 °C. Embora a variação térmica nessas florestas seja de mais ou menos 1 °C durante o ano, as variações no decorrer do dia podem chegar a 10 °C. A bacia do rio Amazonas, por ser a maior bacia hidrográfica do mundo e ter características peculiares, apresenta diferenças climáticas — principalmente na distribuição da umidade — que condicionam o desenvolvimento tanto de florestas com vários níveis de complexidade como de outros ecossistemas.

A visão que se tem da floresta Amazônica pode variar conforme a escala de observação. Em uma imagem por satélite, em escala muito pequena, observamos apenas uma grande mancha de vegetação e os maiores rios da região. Ao aumentarmos a escala, passamos a perceber que essa grande mancha não é homogênea: ela inclui vários tipos de vegetação. Um dos fatores responsáveis por essa variação é a distribuição da umidade na bacia hidrográfica. Em algumas áreas da região, os totais pluviométricos anuais são da ordem de 750 milímetros, enquanto em outras eles ultrapassam os 3 500 milímetros, como na região norte/noroeste da bacia hidrográfica. As atividades humanas também influenciam os tipos de cobertura, formando diferentes bosques sucessionais (matas secundárias que se desenvolvem em áreas desmatadas). De modo geral, pode-se dizer que, depois do clima, os tipos de solo são os fatores mais relevantes para o condicionamento da formação vegetal. Dependendo do solo e da topografia, a vegetação pode ser dividida em matas de terra firme — que nunca são alagadas com a cheia dos rios —, matas de várzea — que sofrem alagamentos durante os meses de cheia — e matas de igapó — que são permanentemente inundadas.

Outra característica da bacia hidrográfica amazônica é a presença de rios com diferentes tipos de água. Esses rios podem ser de águas brancas, de águas claras e de águas negras. Os rios de águas brancas, como o Amazonas, o Madeira, o Purus, o Juruá e o Jutaí, transportam grande quantidade de pequenos sólidos inorgânicos em suspensão e, embora sejam chamados de rios de águas brancas, possuem águas turvas, de cor marrom-amarelada, cuja visibilidade não ultrapassa os 50 centímetros. A cor das águas deve-se ao fato de tais rios terem suas nascentes na região montanhosa dos Andes. Nessa região ocorrem muitos deslizamentos de terra, que é levada para os vales dos rios da bacia Amazônica Ocidental, principalmente na sua porção sudoeste. São rios que transportam muitos sais minerais e que apresentam uma produção anual de fitoplâncton — isto é, organismos vegetais que flutuam passivamente na água — cem vezes maior do que a produção dos rios de águas pretas. Os afluentes a sudoeste e a oeste do rio Amazonas, como o rio Purus, são muito sinuosos, com vários meandros e lagoas. Apresentam várias espécies vegetais, entre as quais a famosa vitória-régia (*Victoria amazonica*), com suas folhas gigantescas de bordos eretos. A vitória-régia é menos frequente nas água claras e não se encontra nas águas negras, muito pobres em nutrientes.

Os rios de águas claras nascem nos maciços antigos e já bem erodidos das Guianas e do Brasil central. Nessas regiões, as rochas perdem pequenas quantidades de material e, por isso, as águas derivadas dessas áreas têm poucos sedimentos e são pobres em nutrientes. O Brasil central é coberto por cerrado e, nas Guianas, existe uma cobertura florestal que impede ainda mais a erosão. Todavia, nas Guianas, nos locais onde não existem matas, os rios são classificados como de águas brancas, como o rio Branco. Como exemplo de rio de águas claras podem-se citar o Tapajós, o Trombetas, o Xingu e o Curuá Una. Suas águas transparentes e cristalinas apresentam uma visibilidade superior a 4 metros de profundidade.

Os rios que têm origem na própria bacia Amazônica, coberta de floresta, são mais pobres em partículas em suspensão. Nessa área, a superfície apresenta um gradiente de declividade pequeno. A vegetação, crescendo em solos com altas frações de areia, inibe os processos erosivos intensos. Os rios são, portanto, transparentes, muito ácidos e extremamente pobres em minerais. A água da chuva que penetra no solo arrasta as substâncias solúveis contidas no húmus para os rios, tingindo-os de preto. Dizemos, então, que são rios de águas negras, como o rio Negro, o Urubu e o Uatumã, cuja visibilidade vai de 1,5 a 2,5 metros.

Além desses diferentes tipos de água, o sistema hidrográfico da Amazônia apresenta lagoas, lagos temporários e canais naturais, reunindo um conjunto complexo de ecossistemas, que, associado ao regime de cheias — que chegam a atingir até 10 metros de altura — e vazantes, dá condições para a manutenção de uma enorme diversidade de espécies. Encontram-se em suas águas inúmeras formas de peixes: mais de 2000 espécies descritas. Peixes cartilaginosos, como as arraias, peixes ósseos primitivos, como os aruanãs, e peixes com adaptações para utilizar o oxigênio do ar, como o pirarucu (*Arapaima gigas*) e a piramboia (*Lepidosirem paradoxa*), que desenvolveram pulmões verdadeiros, são alguns exemplos dessa diversidade. Além dos peixes, habitam essas águas duas espécies de botos (mamíferos): o boto-vermelho (*Inia geoffrensis*) e o tucuxi (*Sotalia fluviatilis*), os únicos cetáceos de água doce do mundo.

Sobre o boto existem muitas lendas. Dizem que é capaz de se transformar, nas noites de lua cheia ou de festas, em um rapaz atraente, que seduz as moças virgens das vilas, eventualmente engravidando-as. Constata-se, também, que os pescadores, com medo de se tornarem infelizes para sempre, recusam-se a matar esses animais por acreditarem que eles são a sede da alma dos afogados. As lendas desempenharam um papel importante na conservação dos botos e de outros animais da floresta. Todavia, como a crença nelas tem diminuído, a predação de certos animais aumentou, colocando várias espécies em risco de extinção.

# ■ Matas de terra firme

As matas de terra firme cobrem as áreas mais altas, livres de inundação, ocupando cerca de 80% da Amazônia. Ocorrem sob condições ambientais ótimas, ou seja, onde não há falta nem excesso de água. São áreas drenadas por riachos, que recebem o nome de igarapés, onde há grande proliferação de insetos. Os igarapés que percorrem os solos arenosos das campinas e das campinaranas drenam as substâncias húmicas e tornam-se pretos. Formam nas partes mais baixas depósitos de areia onde crescem diversas palmeiras. Os igarapés que drenam solos argilosos não carreiam os ácidos húmicos, sendo portanto claros; formam depósitos de uma lama fina.

A copa das árvores forma um dossel fechado, que dificulta a entrada de luz. Conseqüentemente, os arbustos e as ervas são pouco frequentes, tornando o caminhar pela floresta relativamente fácil, sem a necessidade da abertura de trilhas com facão. Os indivíduos arbóreos formam vários estratos altitudinais (andares), fornecendo diferentes tipos de substrato para a fauna voadora e para outros animais que ocupam os ramos e as folhas das árvores. Esses andares são diferentes devido às diversas condições microclimáticas existentes no espaço vertical da floresta. Nas folhas diretamente expostas ao sol ocorre um aquecimento de até 10 °C acima da já elevada temperatura. São folhas que sofreram adaptações para resistir à perda de água por transpiração. Conforme se desce aos estratos inferiores, a luminosidade diminui, a umidade aumenta e as diferenças de temperatura quase não existem, exigindo outros tipos de adaptação das plantas.

São exemplos de espécies vegetais arbóreas da floresta de terra firme a castanha-do-pará (*Bertholettia excelsa*), o mogno (*Swietenia macrophylla*) e a sumaúma (*Ceiba pentandra*). Existem também várias espécies de palmeira e algumas figueiras-mata-paus. Os animais de grande porte estão quase ausentes nessas florestas. Porém podem-se encontrar animais como a capivara, o maior dos roedores, e a anta, o maior mamífero brasileiro.

Como são heterogêneas, as áreas da floresta de terra firme apresentam outros tipos de formação vegetal, como as florestas abertas, onde não há palmeiras, a biomassa é menor e as árvores permitem maior penetração de luz. Consequentemente, o substrato contém arbustos e lianas, as quais crescem sobre as árvores. Tais florestas aparecem em locais onde há menor disponibilidade de água, condição que não permite abundância de epífitas, como bromélias e orquídeas.

Outro tipo de formação são as florestas abertas com a presença de palmeiras. São semelhantes às anteriores, só que as palmeiras encontram-se em maior número como o babaçu (*Orbignya barbosiana*) e o açaí-da-mata (*Euterpe precatoria*).

Entre os limites da Amazônia e Brasil central, onde o clima é mais seco, surgem as florestas secas. Nelas as árvores perdem algumas de suas folhas ocorrendo a tendência para uma floresta semi-decídua, ou seja, onde parte das árvores derruba suas folhas na estação mais seca. Porém, ao longo dos rios que cortam essa região, a vegetação é tipicamente de mata ciliar e não se parece com mata decídua.

Nas regiões montanhosas com solos rochosos (litólicos), que não conseguem reter água, aparecem as florestas de montanha. Na Amazônia, as montanhas ocorrem somente ao norte, no limite entre a Venezuela e a Guiana, onde se encontra o pico da Neblina. A água que permite a vida nesses locais provém principalmente da neblina, que se forma à medida que aumenta a altitude. Como consequência, surgem muitos musgos, liquens e pteridófitas, que cobrem as rochas e os galhos da vegetação arbórea. No sopé das montanhas, a vegetação é densa; porém, conforme se caminha para o alto, as árvores vão diminuindo de tamanho e as espécies encontradas também vão se modificando.

Portanto, nas matas de terra firme há predominância de mata alta, mas é possível observar outros tipos de formação vegetal, como a mata de cipó, a mata seca, a mata de bambu, a campinarana, as matas serrana e de neblina e os campos rupestres. Campinarana, campina, caatinga amazônica, chavascal e charravascal são nomes diferentes para a mesma formação vegetal. A campinarana se desenvolve em clima favorável à floresta, mas seu solo pobre e a oscilação entre períodos de cheias — que removem o oxigênio do solo — e períodos de seca — quando o solo poroso não consegue reter água — permitem apenas o surgimento de uma mata relativamente baixa, onde uma ou duas espécies arbóreas dominam e as árvores, de caules finos, atingem no máximo 20 metros. Essas árvores crescem sobre areia branca e onde o lençol freático é alto. Algumas campinaranas são muito abertas e o sol atinge em cheio o substrato. Epífitas, como bromélias e orquídeas, são frequentemente abundantes, além dos liquens e musgos nos ramos das árvores e na superfície do solo.

Além dessas formações, há áreas de cerrado e de campos condicionadas pela baixa umidade e pelos solos pedregosos e rasos. Muitos dos cerrados encontrados na Amazônia não se encontram em clímax climático, mas apareceram pela ação do fogo utilizado pelo ser humano na mata. Os cerrados da Amazônia são fisionomicamente muito semelhantes aos do Brasil central — há diversas espécies comuns às duas regiões —, mas o solo e o clima são diferentes. Enquanto no Brasil central há uma estação seca bem definida, os solos são muito profundos e as raízes das plantas atingem grandes profundidades à procura de água, nos cerrados amazônicos a situação é diferente: as raízes são mais superficiais, o clima é mais úmido e não aparece uma cobertura arbórea densa, como ocorre nos cerrados mais desenvolvidos do Brasil central, conhecidos como cerradão.

Luis Carlos Kfouri/Kino Fotoarquivo

Em Roraima encontram-se também cerrados mais abertos, com poucas árvores fincadas em solos mais arenosos. Nas suas partes baixas surgem os pântanos, onde a palmeira buriti (*Mauritia flexuosa*) é abundante, formando as veredas ou varjões. No litoral da ilha de Marajó, nos locais onde há solos rasos e lagoas, ocorrem plantas aquáticas, e a palmeira babaçu (*Orbignya speciosa*) é ali bastante comum. Na serra do Cachimbo, região sudoeste do Pará, e na serra dos Carajás encontram-se campos rupestres, formações abertas sobre rochas, que não conseguem reter a água da chuva.

## ■ Matas de várzea

As matas de várzea ocupam os terrenos ao longo dos rios de águas brancas, isto é, rios com águas lamacentas, ricas em matéria inorgânica em suspensão, como o Amazonas, o Purus, o Madeira, o Juruá e o Jutaí. Essa matéria inorgânica, ao sedimentar-se nas margens, origina um substrato que é ocupado pela floresta. A vegetação encontrada nas várzeas desses rios pode ser considerada uma transição entre as matas de terra firme e a vegetação de beira de rio. Nessa transição, dos lugares mais elevados para as proximidades do rio, a mata vai se tornando mais baixa, até desaparecer completamente, e dar lugar aos campos de várzea. As várzeas altas são ocupadas por uma vegetação semelhante à das matas de terra firme, onde pode-se encontrar o angelim (*Dinizia excelsa*), uma das maiores árvores da floresta Amazônica, que atinge até 60 metros de altura. Além de inúmeras palmeiras, encontra-se também a seringueira (*Hevea brasiliensis*), a árvore considerada maior produtora de borracha. Pelo fato de nas matas de várzea a luz penetrar com maior facilidade, o estrato rasteiro e arbustivo é mais desenvolvido.

As várzeas podem ser ainda divididas em três categorias, conforme sua localização nos trechos do rio Amazonas: as do alto Amazonas, as do baixo Amazonas e as do estuário.

As várzeas do alto Amazonas (rio Solimões), apesar de não apresentarem um vasto campo com gramíneas, são mais ricas em relação às várzeas baixas. Há abundância de helicônias (bico-de-papagaio ou pacova), com suas vistosas inflorescências em zigue-zague, e seringueiras (*Hevea brasiliensis*).

No baixo Amazonas, uma comprida e estreita faixa de floresta margeia o rio. Diferentemente do que ocorre nas várzeas do alto Amazonas, essa faixa é ladeada por prados de uma gramínea robusta, conhecida como canarana ou falsa cana (*Echinochloa sp*), e outras espécies. Nas partes mais baixas formam-se lagos abertos e pântanos, onde pode ser encontrada a planta flutuante aguapé-de-cordão (*Eichhornia azurea*), alimento do peixe-boi (*Trichechus inunguis*), além de uma rica fauna de peixes.

Aproximando-se do estuário do Amazonas, existem grandes áreas ocupadas por manguezais que penetram rio acima até onde existe água salobra. Entre o rio Amazonas e o rio Oiapoque encontram-se os maiores manguezais da costa brasileira. A espécie predominante é o mangue-branco ou siriúba (*Avicennia nitida*), que chega a atingir 20 metros de altura. Nas áreas de várzea estuarina não ocupada por manguezais surge uma extraordinária abundância de palmeiras, como o buriti (*Mauritia flexuosa*) e o palmito-açaí (*Euterpe oleracea*), cujos frutos são muito apreciados para a fabricação do vinho de açaí, um complemento básico da alimentação das classes populares da Amazônia.

As várzeas na Amazônia central, delimitadas pelos rios de águas brancas, são áreas de alto potencial pesqueiro, por serem ricas em sedimentos nutritivos que descem das montanhas andinas para as planícies. Encontra-se nesses rios a mais rica ictiofauna de água doce, com muitas espécies comerciais, tanto para o consumo na região quanto para a exportação, como o jaraqui (*Semaprochilodus*), o curimatã (*Prochilodus nigricans*), o pacu (*Mylossoma*), o matrinxã (*Brycon cephalus*), a pirapitinga (*Piaractus brachypomum*), o surubim (*Pseudoplatystoma fasciatum*) e o tambaqui (*Colossoma macropomum*), que também são encontrados na floresta inundada por rios de águas pretas e claras. Na Amazônia, o peixe representa a principal fonte de proteína animal e a várzea é um criadouro natural de peixes, uma área onde eles se alimentam; portanto, é um lugar de onde se pode obter alimento para o ser humano sem grande gasto de energia. Por isso a destruição das várzeas para a criação de gado é um fator preocupante.

## ■ Matas de igapó

Embora também possam ser encontradas ao longo dos rios de águas claras, as matas de igapó colonizam as áreas mais baixas, permanentemente inundadas, próximas aos rios de águas negras. A vegetação dessas matas é adaptada para suportar as condições de solo alagado e, consequentemente, mal arejado, apresentando raízes aéreas e pneumatóforos, que retiram do ar o oxigênio necessário à sua sobrevivência por não encontrá-lo disponível em solos alagados (muitas espécies podem substituir o oxigênio, utilizando nitrato como aceptor de elétrons na respiração). As árvores podem atingir cerca de 20 metros de altura e possuir inúmeros arbustos e cipós, assim como diversas epífitas (briófitas, cactáceas, bromeliáceas, aráceas, orquidáceas, etc.). As matas de igapó apresentam uma diversidade menor em relação às matas de terra firme, mas são mais ricas em espécies quando comparadas às campinaranas. Essa mata tem grande importância para a fauna existente nos rios de águas negras, pois é da própria floresta — através da serapilheira caída na água, ou seja, folhas, galhos, frutos, flores, que podem se acumular no fundo dos rios atingindo até 2 metros de espessura — que se obtêm os nutrientes. As folhas que caem nas águas estão povoadas por microrganismos que também servem de alimento para a fauna aquática.

O rio Negro é, quimicamente, um rio bastante pobre e, todavia, apresenta a maior diversidade ictiológica do mundo, com um número estimado de setecentas espécies de peixe. Sem a floresta como fornecedora de nutrientes não haveria condições de sustentação da fauna exuberante exibida por esse rio. Ocorreriam até mesmo problemas de subsistência humana nessas regiões, pois mais de 90% dos peixes comercializados do baixo rio Negro pertencem a duas espécies detritívoras, ou seja, que raspam os detritos acumulados nos caules, folhas e galhos submersos, onde vivem crustáceos, moluscos, vermes, insetos, fungos, algas, etc. Uma dessas espécies é o tambaqui (*Colossoma macropomum*), o peixe de maior importância comercial da Amazônia central. Quanto às espécies vegetais, a mais alta e majestosa delas, encontrada nas matas de igapó, é a sumaúma (*Ceiba petandra*), árvore de 40 metros de altura e tronco dotado de sapopembas. A pluma que envolve suas sementes é muito utilizada industrialmente para a confecção de boias e salva-vidas e para o enchimento de colchões e travesseiros.

As ilhas de areia formadas no rio Negro são colonizadas pela jauari (*Astrocaryum jauary*), palmeira que por apresentar boa dispersão de suas sementes pela água e por peixes ocupa tanto as ilhas quanto as areias das praias fluviais. Uma outra palmeira adaptada a longos períodos de inundação é a mucuri (*Leopoldinia pulchra*).

## ■ Os solos da região amazônica

Grande parte do solo amazônico é ligeiramente ácido, bastante arenoso e muito pobre. Apresenta baixo teor de nutrientes — como cálcio e potássio — para plantas e, devido às suas altas concentrações de alumínio, não retém esses poucos nutrientes. A camada de húmus não ultrapassa 20 centímetros. Essas características mostram que esse tipo de solo é utilizado apenas como suporte físico para as plantas.

O que sustenta a grande floresta é um sistema complexo de reciclagem, extremamente eficiente. A temperatura ideal e constante permite que os animais e vegetais, ao morrerem, sejam atacados por fungos e bactérias existentes no solo. Esses microrganismos trabalham muito rapidamente, transformando a matéria orgânica em minerais, que são totalmente absorvidos pelas plantas. As águas dos rios que drenam a floresta são muito puras, quimicamente semelhantes à água da chuva, indicando que esse ecossistema florestal é quase autossuficiente.

Associadas às raízes das plantas encontram-se as micorrizas (do grego *mykes*, fungo, e *rhiza*, raiz), que absorvem a matéria orgânica e os minerais, transferindo-os de modo muito rápido de volta para as plantas. Micorrizas são organismos compostos por fungos e raízes; uma parte do fungo fica dentro da raiz e a outra, fora, no solo. Os fungos obtêm energia a partir dos compostos de carbono produzidos pelas plantas por meio da fotossíntese. As micorrizas são bastante úteis para as plantas quando estas se situam em solos pobres em fósforo, como os encontrados na Amazônia. O cacau, por exemplo, pode se beneficiar das micorrizas graças ao sombreamento de árvores, como as das famílias *Caesalpiniaceae* e *Nyctaginaceae*, que se associam às micorrizas. Porém nem todas as plantas apresentam micorrizas, como as das famílias *Sapotaceae* e *Lecythidaceae*, por exemplo, que portanto ficam restritas aos solos com mais nutrientes.

As espécies vegetais também apresentam outras adaptações para viver em solo tão pobre. Os sistemas subterrâneos, relativamente superficiais, concentram uma densa trama de raízes que formam enormes raízes tabulares (sapopembas) e que dão sustentação às gigantescas árvores. Portanto, a floresta depende totalmente desse peculiar sistema de reciclagem, composto pelos organismos que ocupam o solo (bactérias, vermes, artrópodes), bem como da complexa rede de raízes e das micorrizas. Com o desmatamento da floresta, ocorre a eliminação da sombra e, consequentemente, há um aumento da temperatura, o que acarreta a destruição dos organismos do solo. A evaporação direta e a lixiviação provocarão a subida de alumínio ou de sais de ferro e a consequente instalação de uma camada impermeável de laterita (do latim *later*, tijolo), que impedirá o desenvolvimento de raízes. Somente 10% dos solos amazônicos apresentam fertilidade de média a alta, mas esses solos não se encontram distribuídos de forma homogênea. Só isso já basta para invalidar a ideia de que a Amazônia teria um potencial para ser o celeiro do mundo, ou seja, um potencial para produzir alimentos em grande escala, por meio de agricultura intensiva. Os problemas oriundos da implantação de uma agricultura intensiva na Amazônia tornariam-na inviável. Seria preciso pensar em problemas como: necessidade de rodovia para escoamento da produção, gasto com combustível, erosão eólica, lavagem dos nutrientes, sedimentação dos rios, poluição por agrotóxicos, vulnerabilidade a muitas pragas existentes na floresta tropical, inseticidas selecionando gerações resistentes, safra armazenada atacada por pragas, falta de energia, fertilizantes contaminando o meio e eutrofizando as águas, etc.

As plantas conseguem certo grau de resistência ao ataque de insetos devido à associação que fazem com outras espécies. A complexidade da floresta, com muitas espécies de plantas e suas diferentes substâncias químicas, acaba confundindo o predador, reduzindo a possibilidade de o inseto localizar as plantas hospedeiras. Além disso, mais de uma planta pode produzir substâncias químicas que atraem o mesmo inseto, diminuindo a pressão de predação sobre uma única espécie. Por esse motivo, a prática da monocultura na Amazônia tenderia a provocar uma explosão de insetos herbívoros sobre a plantação.

As queimadas, utilizadas na Amazônia como forma de manejo da terra, podem apresentar aspectos positivos, como o controle, ainda que não muito eficiente, de ervas daninhas, a ajuda na mineralização da matéria orgânica suplementando a ação dos decompositores, o aparecimento de leguminosas fixadoras de nitrogênio após uma queimada leve, pequeno gasto com mão de obra e economia de tempo. Mas esses aspectos positivos são ilusórios a longo prazo, pois as queimadas destroem completamente o sistema de reciclagem desse solo muito pobre, tornando-o improdutivo em pouco tempo. Nesses solos mais pobres em nutrientes, as plantas tornam-se mais suscetíveis ao ataque de insetos desfolhantes, como as saúvas.

# Capítulo 5

# Matas Atlânticas

Não existe um único conceito de mata Atlântica aceito: alguns autores consideram mata Atlântica apenas as florestas densas que ocorrem ao longo do litoral; outros consideram, além dessas, as outras manchas de floresta que aparecem no interior do país. Veja o que diz sobre o conceito de mata Atlântica um dos ambientalistas que muito se empenharam para a sua conservação, o almirante Ibsen de Gusmão Câmara:

*Quaisquer que sejam os argumentos a favor de um ou de outro desses pontos de vista, um fato ressalta incontestável — na época do descobrimento do Brasil, uma cobertura florestal praticamente contínua, ainda que muito diversificada em sua constituição fitofisionômica e florística, estendia-se ao longo da costa, do Rio Grande do Norte ao Rio Grande do Sul, com amplas extensões para o interior, cobrindo a quase totalidade dos estados do Espírito Santo, Rio de Janeiro, São Paulo, Paraná e Santa Catarina, além de partes de Minas Gerais, Rio Grande do Sul e Mato Grosso do Sul e de extensões na Argentina e no Paraguai. Essa imensa floresta heterogênea, que ocupava uma superfície superior a 1 000 000 de quilômetros quadrados somente no Brasil (cerca de 12 por cento da superfície do País), embora hoje muito reduzida e fragmentada, justifica uma denominação comum que a considere na sua totalidade. Desta forma, em contraposição ao nome de Floresta Amazônica, esta também muito heterogênea e diversificada mas com designação geralmente aceita sem contestação, é razoável estender-se a todos os remanescentes atuais das outrora vastas florestas atlânticas a denominação tradicional de Mata Atlântica, terminologia consagrada na própria Constituição Federal, embora se reconheça que seria mais correta a designação de Província Atlântica.*

Consideram-se ainda mata Atlântica as formações florísticas associadas (manguezais, vegetação de restingas e das ilhas litorâneas), os enclaves de cerrados, campos e campos de altitude. Seguindo, portanto, essa recomendação, neste livro o conceito de mata Atlântica incluirá todas as formações florestais que fazem parte do domínio das matas Atlânticas, juntamente com seus ecossistemas associados.

## ■ As florestas costeiras

Ao tratar-se das florestas costeiras, percebe-se a existência de mais de um tipo de mata ocupando as montanhas e as planícies do litoral brasileiro. É possível dividir essas florestas, segundo sua altitude, em: mata pluvial tropical das planícies costeiras — que se encontra no estrato altitudinal inferior (entre 800 e 1 600 metros) — e mata pluvial tropical das encostas montanhosas — que ocorre no estrato altitudinal superior (acima de 1 600 metros). Essas florestas encontram-se em diferentes condições de umidade, de temperatura e de tipo de solo; portanto, cada uma delas apresenta características exclusivas. A composição de espécies, por exemplo, não é a mesma numa floresta ao nível do mar e em outra, no topo de uma montanha. Associados às florestas costeiras verificam-se outros ecossistemas, como o manguezal, o costão rochoso, a vegetação de dunas e os campos de altitude.

## Matas das planícies costeiras e ecossistemas associados

A foto abaixo mostra que a vegetação muda, conforme se caminha do nível do mar para o topo das montanhas.

Na praia, encontramos uma vegetação adaptada para enfrentar condições de salinidade, forte insolação e falta de água, devido ao solo arenoso. São plantas pioneiras, rasteiras, com caules muito compridos e com uma trama de raízes subterrâneas que ajudam na fixação à areia da praia. Essas plantas se encontram logo após a linha da maré; na parte coberta pela água não existe vegetação. Completamente fora do alcance do mar, começam a surgir espécies arbustivas e arvoretas, formando uma faixa de transição entre os elementos das dunas e os elementos da mata, conhecida como jundu, onde se encontram muitas bromélias, como o gravatá (*Quesnelia arvensis*), e cactáceas, como o cardo-da-praia (*Cereus pernambucensis*).

Após o jundu, surge a zona de mata, instalada sobre os solos pobres e arenosos que formam as restingas. Entretanto, em alguns pontos, esses solos podem apresentar uma profunda camada de húmus. Suas espécies vegetais não perdem as folhas ao longo das estações do ano e podem atingir até 15 metros de altura. O substrato é ocupado por uma densa vegetação arbustiva, com muitas samambaiaçus (*Cyathea*), que são pteridófitas arborescentes, bromélias, palmeiras e lianas. As epífitas são muito abundantes. Ocorrem também nessas áreas figueiras e pal-

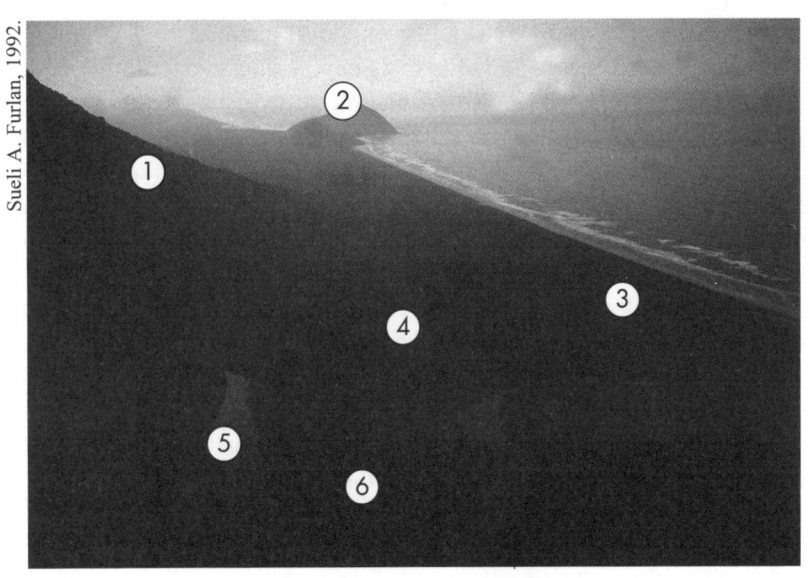

Sueli A. Furlan, 1992.

1. Mata Atlântica de encosta.
2. Morro do Grajaú (local onde seria instalada a usina nuclear Iguape 1).
3. Mata Atlântica de planície e mata de restinga (em transição).
4. Mata de planície, restinga e manguezal.
5. Rio Verde.
6. Manguezal.

meiras, como o jerivá (*Arescastrum romanzoffianum*), o palmiteiro ou juçara (*Euterpe edulis*) e espécies agrupadas de caxeta (*Tabebuia cassinoides*), cuja madeira é utilizada para a confecção de brinquedos, palitos de fósforos, lápis, violões, etc.

Associados às florestas das planícies costeiras estão os manguezais, ecossistemas onde ocorre a influência da água do mar e da água doce dos rios. A água dos rios carrega muito material fino, partículas de argila que, no encontro com a água salgada do mar, aglutinam-se, sedimentando-se nas baixadas. Os manguezais apresentam, então, solo alagadiço, movediço, pouco arejado e com alta salinidade, características que impedem o desenvolvimento de uma flora rica. Os indivíduos vegetais mais importantes são o mangue-seriba (*Avicennia schaueriana*), com suas raízes respiratórias (pneumatóforos), o mangue-vermelho (*Rhyzophora mangle*), com suas raízes-escora que partem do tronco, e o mangue-branco (*Laguncularia racemosa*), planta arbustiva com ramificação abundante. Os manguezais são muito importantes para a procriação da fauna aquática. Nesses locais, pequenos peixes e larvas de vários animais, como as de crustáceos, encontram abrigo contra predadores até alcançarem tamanho suficiente para se lançar ao mar. As árvores do manguezal também servem de poleiro e posto de vigia para várias aves, como biguás, anhingas, martim-cachás e garças.

Outro ecossistema associado às matas de planície costeira é o costão rochoso, que apresenta muitas algas nas partes sob as águas mais iluminadas. Onde terminam os borrifos d'água, começam os liquens e uma vegetação xerofítica e, mais acima, uma vegetação exuberante que vai aos poucos se transformando em mata. Muitos animais, como mariscos, ostras, cracas e baratas-da-praia, habitam essas rochas.

## Matas de encosta

Como toda floresta tropical, as matas de encosta também estão condicionadas ao clima e, principalmente, à alta pluviosidade, bem distribuída ao longo do ano. Isso é garantido pelos ventos úmidos de sudeste, provenientes do oceano, que descarregam sua umidade ao se elevarem e se encontrarem com as montanhas que acompanham o litoral brasileiro. Nas regiões Sul e Sudeste, essas matas ocupam as vertentes voltadas para leste das serras do Mar, Mantiqueira, Paranapiacaba e Geral. Nos trechos ao sul de Vitória (ES) até Cabo Frio (RJ), e entre Salvador (BA) e Natal (RN), ocorre uma interrupção da faixa de mata, devido à falta de altas montanhas nessas regiões e à presença de ventos secos, provenientes do oceano, ao norte e a leste de Cabo Frio (RJ), cujas águas são mais frias, diminuindo assim a pluviosidade.

A umidade constante, associada às altas temperaturas, garante a sustentação de florestas densas, sempre verdes, com árvores entre 20 e 30 metros de altura, distribuídas em dois ou mais estratos. São árvores mais baixas que as das florestas da Amazônia, o que se justifica pelo fato de as matas de encosta estarem localizadas em planos inclinados, o que facilita a insolação e diminui a competição pela luz. Entretanto, podem-se encontrar espécies de até 40 metros de altura, como o jequitibá-branco (*Cariniana estrellensis*). Sobre as árvores ocorrem muitas epífitas (bromélias, orquídeas e aráceas) e inúmeras trepadeiras. As epífitas são um indicador da presença de chuvas constantes, pois elas dependem totalmente da água e dos nutrientes provenientes da chuva. Possuem troncos e ramos recobertos por briófitas, liquens e samambaias. Os caules são delgados e com ramificação somente na parte superior, pois, devido à baixa luminosidade no interior da floresta, ocorre uma poda natural dos ramos inferiores. O sub-bosque é escuro, mal ventilado e úmido. A vegetação mais baixa apresenta samambaiaçus e pacovás, entre outras espécies. Sobre o solo desenvolve-se uma rica serrapilheira, e a rápida ciclagem dos nutrientes é garantida pelos fungos, bactérias e outros organismos. Devido à declividade acentuada das montanhas onde se localizam essas matas, os solos são rasos e sujeitos a deslizamentos. Nessas florestas pluviais podem ser encontradas espécies vegetais, como o pau-brasil (*Caesalpinia echinata*), a paineira (*Chorisia speciosa*), a jaboticabeira (*Myrciaria trunciflora*) e várias palmeiras, como o palmito-juçara (*Euterpe edulis*). Nas áreas em que a vegetação foi alterada aparecem muitas embaúbas (*Cecropia*).

## Matas de altitude

À medida que se avança em direção ao topo da montanha, percebem-se alterações na vegetação, devido à diminuição da temperatura, mas pouco significativas. Porém, na altitude em que ocorre a formação de nuvens, a umidade permanente é máxima, surgindo as florestas de neblina, as quais não estão relacionadas a uma altitude definida, mas sim ao próprio nível das nuvens, que pode variar de uma região para outra. As condições de insolação, temperatura e umidade numa região também são condicionadas pelo tipo de exposição solar da vertente. No hemisfério sul, as vertentes voltadas para o norte recebem maior insolação do que as voltadas para o sul, que são, entretanto, mais úmidas. Isso altera a distribuição dos tipos de mata nas vertentes das montanhas. As matas de neblina têm início em altitudes entre 1 100 metros, na serra do Mar, e 1 600 metros, em Itatiaia. Atingem no máximo 10 metros de altura, e seus caules, tortuosos, são quase totalmente ocupados por liquens, musgos, bromeliáceas e orquidáceas, devido à alta e constante umidade. A principal característica das matas de neblina é essa profusão de epífitas. O limite inferior dessa formação pode ser, de modo geral, situado onde ocorre o desaparecimento de palmeiras e embaúbas, e o limite superior é variável, podendo ir até os 1 400 metros, a partir do qual surgem os campos de altitude. Os campos de altitude, ou campos rupestres, aparecem no alto das montanhas, onde a insolação é maior, devido à rarefação da atmosfera e aos ventos mais fortes e constantes. Isso torna o ar mais frio e seco. O solo pobre, ácido, erodido e pouco profundo se aquece rapidamente durante o dia. As plantas crescem sobre pedras em solo pedregoso ou arenoso. Devido ao seu isolamento, no topo das montanhas, encontram-se nesse ecossistema o maior índice e a maior diversidade de espécies endêmicas registradas no Brasil. Os campos rupestres localizam-se, em sua maior extensão, na cadeia do Espinhaço (MG), na chapada Diamantina (BA) e em pontos de Goiás e do Mato Grosso. A vegetação é constituída quase exclusivamente por espécies herbáceas e arbustos de pequeno porte. Podem aparecer arbustos de no máximo 1,5 metro de altura e poucas arvoretas. A água disponível é insuficiente, pois escorre rapidamente pelo solo pedregoso. Durante a noite, há a formação de neblina, e muitas espécies apresentam adaptações para utilizar a umidade do ar. As canelas-de-ema, da família das velosiáceas, por exemplo, retêm as bainhas das folhas velhas que caem, formando, junto ao caule, um reservatório de água. A fauna dos campos rupestres é rica em répteis, anfíbios e insetos, além de aves e de pequenos mamíferos.

O perfil abaixo mostra um corte ideal no domínio das matas Atlânticas a partir do litoral, passando pela serra do Mar, vale do rio Paraíba do Sul e serra da Mantiqueira, com os diferentes tipos de vegetação, de acordo com a altitude e distribuição das chuvas.

## ■ Florestas do interior das regiões Sul e Sudeste do Brasil

Além de as florestas do interior das regiões Sul e Sudeste do Brasil terem sido quase totalmente substituídas pelas culturas de café e cana-de-açúcar, entre outras, também sofreram a exploração das espécies de madeira de maior importância econômica, como a peroba-rosa (*Aspidosperma peroba*), o jatobá (*Hymenaea stilbocarpa*), a copaíba (*Copaifera langsdorfii*), o cedro (*Cedrela fissilis*) e a imbuia (*Phoebe porosa*). Atualmente restam poucas remanescentes dessas formações vegetais, que aparecem a oeste das montanhas costeiras do Brasil e que apresentam características muito variáveis: podem ser compostas tanto de árvores que perdem as folhas quanto de espécies com folhas perenes. A perda de folhas acontece entre abril e setembro, época mais fria e seca do ano.

Entre essas florestas tropicais do interior ocorrem manchas naturais de cerra-

**Perfil da vegetação no leste de São Paulo, passando pelo vale do rio Paraíba do Sul**

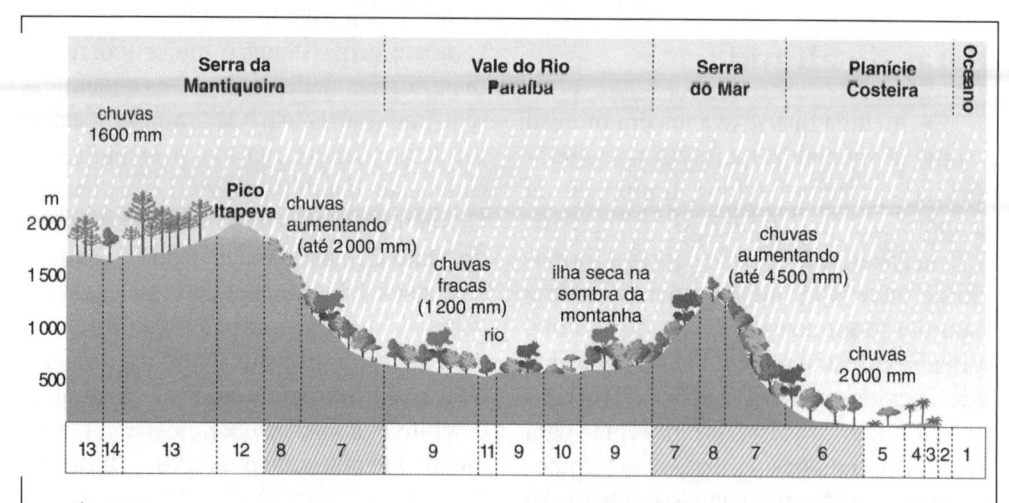

1. mar
2. praia, pobre em vegetação
3. dunas com arbustos
4. mata de restinga com *Arecastrum romanzoffianum*
5. manguezal em baías paradas
6. mata pluvial na planície costeira
7. mata pluvial da serra do Mar nas partes inferiores das encostas
8. mata de neblina (mata pluvial superior)
9. mata semisseca do vale do Paraíba
10. cerrados
11. mata de inundação do Paraíba
12. campos de altitude
13. mata de *Araucaria* na sombra pluvial da Mantiqueira
14. mata de *Podocarpus* ao longo dos riachos

*Fonte:* HUECK, Kurt. *Florestas da América do Sul* — ecologia, composição e importância econômica. Brasília: UnB/Polígono, 1972.

dos e de pinheirais (*Araucaria angustifolia*). Nessas regiões o clima pode ser definido como úmido — porém mais seco se comparado às regiões de florestas de encosta —, com verões quentes, invernos pouco frios e um curto período de seca. As chuvas estão sempre abaixo de 1 600 milímetros anuais. Essas regiões sofrem ainda a influência das constantes frentes frias do sul. Os solos variam desde terras roxas, férteis, até arenosos, muito pobres. A altura das árvores pode variar de 25 a 30 metros, em solos férteis, e de 10 a 15 metros, em solos pobres, em geral provenientes da erosão de arenitos. O sub-bosque apresenta grande densidade de vegetação inferior e de lianas. Nas áreas mais úmidas, aparecem as epífitas. Algumas regiões com características xeromórficas são ocupadas por cactáceas. Ocorrem também palmeiras esparsas, sendo a mais comum o jerivá (*Syagrus romanzoffiana*), que pode alcançar até 20 metros de altura. Como essas florestas foram muito alteradas, é comum encontrar nessas matas secundárias espécies pioneiras, como a embaúba e o tapiá (*Alchornea*), juntamente com espécies típicas de floresta madura ou primária, como o jequitibá (*Cariniana*).

Os pinheirais, ou mata das Araucárias, ocorrem nos Estados do Rio Grande do Sul, Santa Catarina e Paraná e nas partes mais elevadas dos Estados de São Paulo e do Rio de Janeiro e no sul de Minas Gerais, ou seja, em locais que possuem clima sempre úmido e temperaturas amenas. Raramente as matas das araucárias ultrapassam o divisor de águas da serra do Mar, confirmando o dito popular "pinheiro não quer ver o mar". A araucária (*Araucaria angustifolia*), que chega a atingir de 25 a 30 metros de altura, é um dos pinheiros nativos do Brasil, popularmente conhecido como pinheiro-do-paraná. Suas sementes, que caem ao solo entre os meses de março a junho, servem de alimento para porcos selvagens, ratos, papagaios, macacos e outros animais. A semente da araucária é o conhecido pinhão, tradicionalmente apreciado nas festas juninas. Matas de araucárias, na verdade, são matas mistas, onde o estrato superior, homogêneo, é formado por araucárias, e os estratos inferiores, por canelas (*Nectandra, Ocotea*), erva-mate (*Ilex paraguariensis*), cedro (*Cedrela fissilis*), imbuia (*Phoebe porosa*) e por outro pinheiro nativo do Brasil, o pinheiro-bravo (*Podocarpus lambertii*), entre outras espécies. O sub-bosque é muito denso. Nas áreas mais úmidas é rico em palmeiras, epífitas e samambaias arborescentes (*Dicksonia sellowiana*). As baixas temperaturas não favorecem a decomposição realizada pelos microrganismos, acumulando-se, portanto, grande quantidade de húmus no solo. Em altitudes mais elevadas, a floresta termina abruptamente para dar lugar aos campos.

# ■ A fauna

A diversidade da fauna está relacionada com a diversidade de ambientes, e a variedade de locais propícios ao desenvolvimento da vida em uma floresta tropical é muito grande. Alguns animais, como jacarés, cágados, sapos, algumas cobras e aves (mergulhão, martim-pescador e patos), vivem melhor na água. Outros, como rãs, frangos-d'água e saracuras, preferem os brejos. Outros ainda, como capivaras, ariranhas, mãos-peladas, ratões-do-banhado e antas, vivem tanto na água quanto na terra. Existem também os animais que vivem no chão da floresta, como lagartos, cobras, jabutis, macucos, quatis e catetos, e outros que habitam as copas das árvores, como macacos, morcegos, tucanos, arapongas, papagaios, preguiças e ouriços-cacheiros. Alguns desses animais são diurnos, outros crepusculares e outros, ainda, preferem a noite. É como se a floresta fosse um palco, que é utilizado por diferentes atores, de acordo com o horário do dia. Assim as espécies podem viver no mesmo ambiente sem competir diretamente entre si.

Entre os anfíbios da ordem anura encontram-se nas matas Atlânticas o botão-de-ouro, os sapos, os cururus, as rãs, as pererecas, as untanhas, etc. Os répteis estão representados por várias cobras, como a jararaca, a coral, a cobra-cipó, a cobra-verde, a caninana e a cascavel. Lagartixas, teiús e lagartos, como o camaleão, também são comuns. Entre as aves estão o arapaçu, o papa-formiga, o jacupemba, o jacuguaçu, o bentererê-de-peito-cinza, o sanhaço-frade, o inambuxintã, o gavião, o joão-de-barro, o saracura-preta, a coruja, a tesourinha, etc. Em ambientes alterados pelo ser humano, encontram-se também espécies exóticas, isto é, não naturais da região, como o pombo-doméstico, o pardal e o bico-de-lacre. O grupo dos mamíferos tem sua mais rica composição na América do Sul, mas é, também, o menos conhecido do mundo. Entre eles encontramos o gambá, a cuíca, o tatu-galinha, o morcego, o cachorro-do-mato, o quati, o irara, o furão, a jaguatirica, a onça-parda, o cateto, o preá, a cutia, o ratão-do-banhado, o tapiti, o mão-pelada e vários primatas. É provável que os primatas formem o grupo faunístico mais importante em relação à proteção e à ampliação de unidades de conservação nas matas Atlânticas, como é o caso do mico-leão-de-cara-dourada (*Leontopithecus chrysomelas*), que só existe no sul da Bahia, na Reserva Biológica do Una. Vale lembrar que, apesar de ser esse um dos trechos de mata Atlântica com maior diversidade de espécies de árvores (450 espécies/hectare), só recebeu apoio financeiro de entidades internacionais quando houve o interesse em salvar o mico-leão-de-cara-dourada do perigo de extinção. Outros primatas do mesmo gênero também cumprem essa função, como o mico-leão-dourado (*Leontopithecus rosalia*), na Reserva de Poço das Antas, no Rio de Janeiro; o mico-leão-da-cara-preta (*Leontopithecus caissara*), na ilha de Superagui, no Paraná; e o mico-leão-preto (*Leontopithecus chrysopygus*), no Parque Estadual do Morro do Diabo, no Pontal do Paranapanema, em São Paulo. Os outros gêneros de primatas que habitam as matas Atlânticas são o sagüi (*Callithrix*), o guigó ou sauá (*Callicebus*), o macaco-prego (*Cebus*), o bugio ou guariba (*Alouatta*) e o muriqui ou mono carvoeiro (*Brachyteles arachnoides*), este último o maior macaco das Américas. Além dos primatas, outras espécies de animais também ameaçadas de extinção deveriam motivar a preservação das florestas Atlânticas, como a onça-parda, a onça-pintada, a jaguatirica, o tatu-canastra, o veado-campeiro, o cervo-do-pantanal, o tamanduá, a suçuarana, o cachorro-vinagre, a preguiça, a lontra, a ariranha, o jacu, o mutum, o sanhaço, a araponga, o guará, o pato-mergulhão, os falcões, a jacutinga, o macuco, os beija-flores, o jacaré-de-papo-amarelo, a surucucu-pico-de-jaca, etc. Muitos peixes também estão ameaçados, devido à destruição das matas ciliares, ao assoreamento, à poluição e ao represamento dos rios. Considerando-se todas as espécies da fauna e da flora, as matas Atlânticas representam o ambiente terrestre com a maior biodiversidade do planeta, com um milhão e meio de espécies já classificadas, mais de um milhão das quais são insetos.

# PARTE 2

# SÉCULOS E SÉCULOS DE DESTRUIÇÃO

# Capítulo 6

# Desmatamento: um problema antigo e complexo

Apesar de a população humana ter se desenvolvido de forma desigual nas diferentes partes do planeta, é possível estabelecer algumas características gerais do seu padrão de crescimento, expansão e impacto sobre as florestas.

É claro que o impacto causado pelo crescimento populacional foi distinto nas diferentes regiões, conforme o desenvolvimento de sua economia, relações socioambientais que se estabeleceram, tipos de floresta e modos como as tecnologias se difundiram. Podemos, no entanto, falar um pouco de alguns exemplos específicos, mas muito ilustrativos, de como se deu esse impacto.

Os impactos sobre as florestas existem desde o aparecimento da espécie humana. Todavia, as florestas modificam-se em maior intensidade e extensão à medida que as relações econômicas, sociais, culturais e tecnológicas se mundializam.

Até o surgimento da agricultura, cerca de 11 mil anos atrás, o efeito do homem sobre as florestas foi muito pequeno. Mas é importante lembrar que, mesmo quando as populações humanas eram migratórias, em razão das necessidades de caça e coleta, já ocorriam pequenos desmatamentos em forma de clareiras na mata. Na Idade da Pedra não existiam tecnologias para desmatamentos em grandes proporções, e a permanência do homem na floresta era temporária. O fogo já era usado, mas de maneira restrita, como recurso para caçar e para formar clareiras. Com o crescimento das populações tribais, a ação do homem sobre a floresta se intensificou.

A primeira mudança significativa no impacto humano sobre as florestas se deu com a expansão da agricultura e a simplificação do ecossistema para o cultivo de poucas espécies. As florestas, de modo geral, deram lugar à agricultura, tornando-se sempre alvo de desmatamentos. Mas, mesmo nesse caso, é preciso distinguir, ao longo da história, os tipos de substituição provocados pela expansão da agricultura. Como vimos no início, os desmatamentos eram realizados para a obtenção de clareiras, utilizando-se instrumentos simples e fogo, num sistema de rotação de terras em pequena escala, que permitia a regeneração das florestas e a refertilização do solo. A essa agricultura temporária associava-se a exploração de madeiras mais nobres, utilizadas nas construções rurais, e da madeira destinada a servir de combustível. Com o desenvolvimento da agricultura, foi possível fixar populações humanas e alimentar maior número de pessoas, inclusive aquelas que não trabalhavam na agricultura e viviam nas cidades. É com o surgimento e o crescimento das cidades e das indústrias que o consumo dos recursos florestais aumentou significativamente.

Esse processo foi lento e a intensidade de desmatamentos em clareiras só aumentou barbaramente após a Revolução Industrial, na passagem do século XVIII para o XIX, quando um grande salto no crescimento populacional foi dado e as cidades passaram a demandar grande quantidade de alimentos e de outros recursos naturais.

Podemos considerar que os impactos mais significativos da expansão da agricultura, da indústria e da urbanização datam dos últimos duzentos anos. Em nosso século, o desmatamento se acelerou vertiginosamente, atingindo todas as florestas do planeta. O processo que inicialmente era euro-asiático com o tempo tornou-se mundial. Nos países subdesenvolvidos podemos dizer que o desmatamento se inicia com a colonização europeia, mas sua aceleração e avanço sobre as florestas pluviais se deram apenas nos últimos cinquenta anos, sendo mais intenso até a década de 1970.

Apesar da importância do papel da agricultura no processo de extermínio das florestas em geral, também foi muito significativo o impacto causado pela indústria da guerra. Hoje a construção de material bélico não depende da extração de madeira, mas há mais de 6 mil anos uma parte substancial das florestas foi destruída para dar suporte às atividades de guerra. Os egípcios construíram grande número de embarcações; o exército de Troia, os gregos e os romanos destruíram significativamente as florestas para fins bélicos. A indústria naval, nos seus primórdios, também consumiu milhares e milhares de hectares de florestas.

Outra grande fonte de consumo das florestas é a sua utilização como recurso energético. Atualmente, a maior causa da destruição das florestas tropicais no Terceiro Mundo tem raízes calcadas nos modelos de exploração agrícola, implantados a partir da Revolução Verde*.

## ■ As dimensões estruturais do desmatamento das florestas tropicais

> *Antigamente*
>
> *Antigamente, só vivíamos no mato, nunca tínhamos visto as coisas do branco como facão, faca, machado, arma de fogo, fumo, panela, sal.*
>
> *Antigamente, só usávamos flecha e borduna para matar os bichos, para criar nossos filhos.*
>
> *Antigamente, nunca tínhamos visto avião, carro, barco, voadeira.*
>
> *Antigamente, usávamos cama de buriti, palha de açaí e bananeira braba.*
>
> *Para dormir, não precisávamos carregar nada como hoje.*
>
> *Agora, nós temos que carregar a rede para dormir.*
>
> (Anhê Mekrangotire. *Geografia indígena — Parque indígena do Xingu*, MEC/ISA/PNUD, 1996.)

O desmatamento das florestas tropicais e a perda de biodiversidade são temas

---

* Para maiores informações a esse respeito, ver o livro de Antônio Vítor Rosa, *Agricultura e meio ambiente*, desta mesma coleção.

## Causas subjacentes da perda de florestas e a rede das causalidades

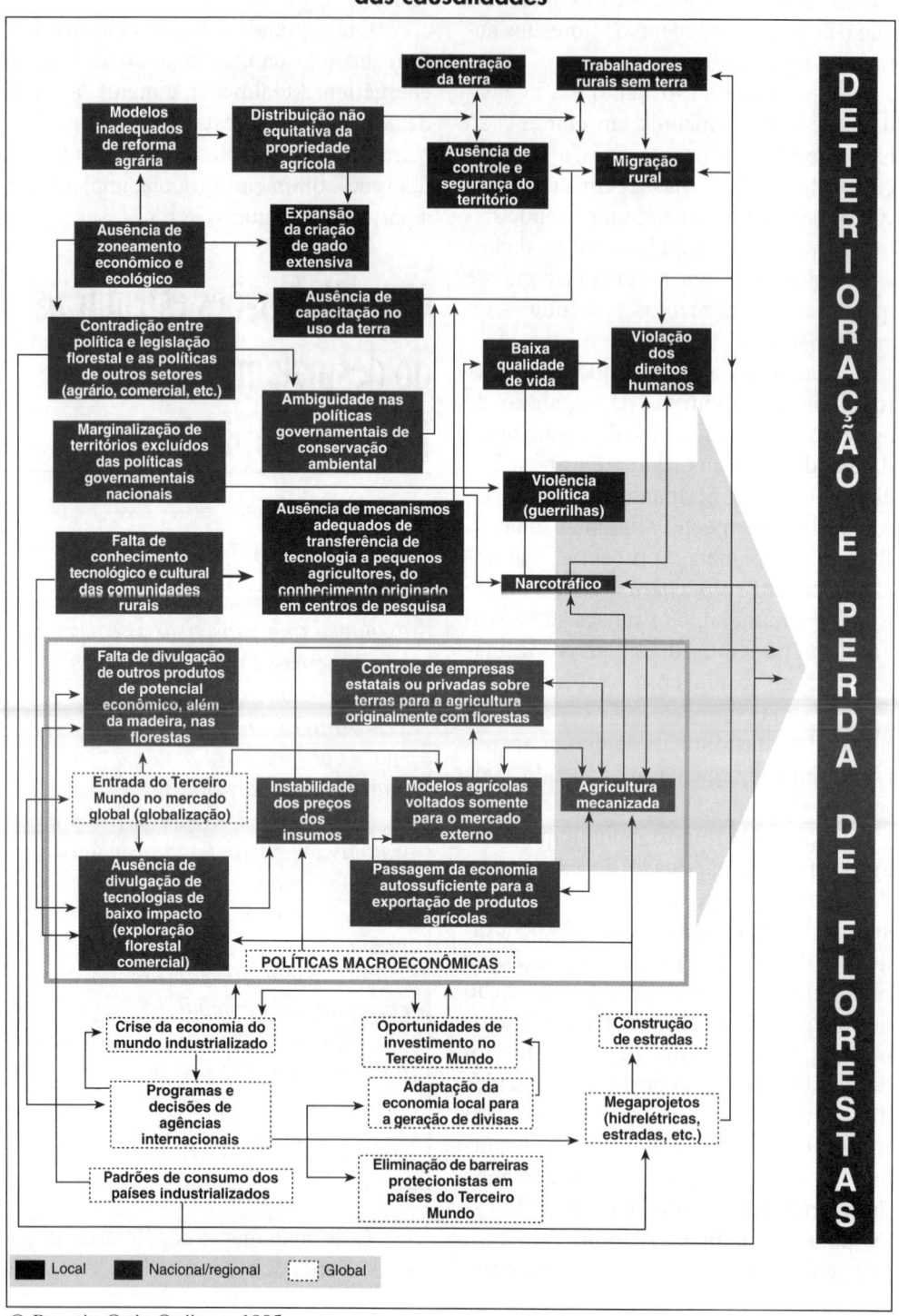

© Rosario Ortiz Quijano, 1995.
Fundación Pro-Sierra Nevada de Santa Marta.

complexos. Compreender e analisar suas múltiplas causas requer uma visão de conjunto da rede de causalidades com as múltiplas interconexões entre os fatos. O esquema anterior procura demonstrar como se constitui essa rede.

Quando as causas atuam em rede, qualquer ação no seu interior pode afetar outros pontos e interconexões existentes.

O que se pode deduzir é que as causas do desmatamento são inúmeras, interdependentes e atuam nas esferas internacional, nacional e local. Muitas dessas causas envolvem aspectos difíceis de serem abordados e que fazem parte do debate político atual sobre a conservação dos ambientes florestais. Fatores como a distribuição desigual das terras, as relações de poder locais, a mobilidade espacial da população pobre para zonas marginais, o funcionamento de sistemas de preços, a debilidade das instituições chamadas para proteger as florestas e a incoerência das políticas públicas, entre outros, não podem ser atacados isoladamente, por serem marcados por conflitos de interesses e demandarem reformas profundas na nossa conduta e na forma de organização das nossas sociedades. Por esse motivo, na conservação ambiental, o desmatamento é muito mais que um problema técnico a ser resolvido.

A distribuição desigual de terras agrícolas, por exemplo, continua sendo promovida ou incentivada pelas políticas governamentais, e o desemprego e a oferta de trabalho continuam desiguais. Além disso, a mobilidade populacional rural continuará ocorrendo, pois, diante da ausência de políticas governamentais em educação e saúde, as populações marginais se veem obrigadas a engrossar os cinturões de miséria urbana ou a ocupar novas terras florestadas, onde, em condições precárias, conseguem sobreviver durante alguns anos. Essa sobrevivência alimenta novos movimentos migratórios de populações em busca de uma vida melhor. Se esse quadro não se modificar, a migração continuará sendo a única opção para as pessoas que buscam escapar da violação de seus direitos humanos de sobrevivência. Se a monocultura, que absorve pouca mão de obra, continuar recebendo vultosos recursos financeiros externos, a dívida dos países do Terceiro Mundo certamente aumentará. Se os países desenvolvidos permanecerem com seu apetite de consumo baseado na agricultura insustentável da Revolução Verde, a destruição das florestas tropicais continuará.

Frequentemente, governos dos países do Norte e do Sul afirmam que a pobreza é a principal causa e a principal consequência da destruição de florestas tropicais. Justifica-se a degradação com o argumento de que ela é necessária para promover o crescimento econômico e aprofundar as reformas estruturais impostas na década de 1990. No entanto, o combate à pobreza deve estar associado à proteção ambiental. A pobreza limita as possibilidades para se atuar adequadamente sobre as necessidades socioambientais de longo prazo, mas a falta de consideração com o futuro do planeta não é só uma questão de pobreza. Essa desconsideração também pode ser constatada entre aqueles que desfrutam da riqueza, seja pela forma como devoram energia e consomem recursos, seja por sua postura individualista em sociedade. Assim, a destruição ambiental deve ser encarada tanto no contexto social e econômico como no político, simultaneamente.

Muito se tem debatido em torno dessas questões. Dentro das desigualdades sociais e das dificuldades estruturais, as políticas de planejamento ambiental podem ser uma ferramenta para governos e sociedades começarem a resolver seus problemas ambientais. O planejamento ambiental deve cumprir metas sociais, ser democrático, justo e indiscriminatório e, do ponto de vista técnico, precisa partir de problemas locais e regionais. Mas algumas questões gerais, como as citadas abaixo, são essenciais:

- enfrentar a complexa questão da distribuição justa da terra e dos recursos;
- rediscutir a organização da agricultura, combatendo o modelo da Revolução Verde;
- partir de um processo amplo de participação social nas decisões sobre os usos mais adequados do território e nos procedimentos para o manejo de conflitos;
- considerar as informações técnicas, científicas e culturais sobre os usos mais recomendáveis do território a médio e longo prazos.

## Mudanças nos padrões de consumo

Os modelos de consumo atuais, principalmente o dos países industrializados, pressupõem uma forte demanda de certos bens, cuja produção, por sua vez, provoca desmatamento. É o caso dos cultivos ilícitos (de coca e maconha) em vários países da América Latina, da aquacultura de camarões nos mangues de países do Pacífico ou da substituição de florestas nativas por plantações florestais exóticas no Chile, no Brasil e em outros países das Américas.

De modo geral, não é possível ter, nos países do Sul, o mesmo modelo e o mesmo nível de consumo dos países do Norte. Por outro lado, os níveis de consumo de várias populações do Sul estão bem abaixo do mínimo indispensável para sua sobrevivência e, em muitos casos, as condições aviltantes em que vivem desrespeitam os princípios básicos dos direitos humanos. Portanto, sem uma radical mudança nos padrões de comportamento que, simultaneamente, racionalize o consumo do Norte e melhore os níveis de consumo do Sul e sem uma política que promova o abandono de hábitos devoradores de energia, não superaremos um dos grandes dilemas de nossa época: ter bens e preservar a natureza. É preciso conscientizar em especial as crianças e os jovens de que os recursos da Terra não são inesgotáveis, pois eles são o alvo principal da mídia, sujeitos a tornarem-se consumidores vorazes muito cedo.

Para reorientar os padrões de consumo, é importante estabelecer algumas metas e ações, considerando que:

- para modificar os padrões de consumo de nossas sociedades, é necessário enfrentar as tarefas impostas pelo Capítulo 36 da Agenda 21 (veja o boxe), que trata da mudança de comportamento e de atitude das pessoas. Para isso, devemos empreender mudanças profundas nos sistemas educativos, tanto formais como não formais, de todos os países do mundo, para que se tenha o reconhecimento de que os recursos naturais devem ser usados de maneira igualitária e sustentável. Entre outras políticas, as considerações ambientais deveriam fazer parte das campanhas de defesa do consumidor, buscando uma modificação de comportamento dos meios de comunicação;
- é necessário evitar o desperdício e desenvolver tecnologias de reciclagem que reduzam o consumo de materiais nos processos produtivos;

- é preciso discutir a possibilidade de ser feliz sem ser consumista.

> ### *O que é Agenda 21?*
>
> *Agenda 21 é um tratado internacional que contém diretrizes para o desenvolvimento sustentável, a longo prazo, a partir de temas prioritários, como desmatamento, lixo, clima, solo, desertos, água, biotecnologia, etc.*
>
> *Entre a realização das duas grandes conferências da Organização das Nações Unidas (ONU) sobre meio ambiente, uma em 1972 e outra em 1992, representantes de vários setores das sociedades, vindos de diversos países, reuniram-se para discutir temas que afetam a sustentabilidade da vida no planeta. Foram publicados importantes relatórios, abordando a compatibilidade do desenvolvimento econômico e a proteção do meio ambiente. Desses relatórios surgiu uma série de projetos a serem implementados no próximo século por governos, agências de desenvolvimento e órgãos da ONU, entre outros.*

## As mudanças nas políticas públicas e as instituições

Em geral, as políticas públicas dos países da América Latina, entre eles o Brasil, têm se caracterizado por: debilitar as instituições de controle e regulação ambiental; fortalecer as atividades econômicas extrativas — que têm forte impacto ambiental, mas cujos produtos são de fácil ingresso nos mercados internacionais; e empobrecer um numeroso contingente de camponeses, cuja pressão sobre os solos e sobre as florestas acaba se intensificando. Os programas adotados não têm estado de acordo com as políticas macroeconômicas nem se ajustam às políticas de proteção ao meio ambiente. Sem dúvida, quase todos os países latino-americanos vêm adotando políticas sem avaliar efetivamente a adequação delas às suas necessidades.

Nesse contexto, é indispensável modificar as políticas dos governos locais e dos organismos multilaterais de desenvolvimento, em especial o Banco Mundial e o Fundo Monetário Internacional, agentes indiretos das políticas públicas, de tal forma que se garanta:

- o desenvolvimento imediato de estudos a respeito do impacto das políticas internacionais de ajuste financeiro sobre o meio ambiente e, em especial, sobre o estado de conservação e degradação de todas as florestas do planeta, estabelecendo medidas corretivas adequadas à magnitude dos impactos;
- o estabelecimento de metas ambientais e sociais, e não exclusivamente monetárias, nos programas dos organismos internacionais — essas metas devem considerar o uso de indicadores adequados e quantificados e não ser meros apêndices de suas propostas tradicionais;
- a criação e o financiamento de um instrumento multilateral que solucione o problema da dívida dos países do Terceiro Mundo.

## Mudanças no comércio internacional de produtos florestais

É preciso promover um acordo global sobre o comércio internacional de todos os produtos provenientes das florestas, considerando os impactos indiretos sobre elas. A Organização Mundial do Comércio (OMC), órgão que regulamenta e fiscaliza o comércio internacional, deveria considerar, em relação a este tema, qual a sua compatibilidade com acordos ambientais internacionais, em especial com a Convenção da Biodiversidade, um tratado ambiental de 1992. Por esse tratado, diversos países se comprometem a preservar a maior variedade possível de organismos vivos, comunidades e ecossistemas, para atender às gerações atuais e futuras. As negociações da OMC não podem continuar isoladas dos debates ambientais mundiais, assim como a OMC não pode ser a única a determinar a pauta de todos os acordos ambientais internacionais.

É urgente chegar a um acordo que inclua os custos adicionais que supõem o manejo sustentável e que deixe de incentivar exportações baratas de madeira conseguida à custa da destruição das florestas. Para isso é necessário avaliar os sistemas de produção e não somente as políticas nacionais.

## ▌Fatores econômicos e o desmatamento das florestas tropicais

*No Brasil, destruição ecológica e degradação social são duas faces inseparáveis de um mesmo processo: aquele por meio do qual se desenvolveu o capitalismo entre nós. Aqui, a grande empresa capitalista se desenvolveu expulsando os camponeses de suas terras, incentivando o desmatamento e a especulação fundiária, esgotando os solos e contaminando as águas, inviabilizando a pesca artesanal e o extrativismo vegetal, hipertrofiando os centros urbanos, concentrando riquezas e marginalizando populações.*

(Sueli Angelo Furlan, Francisco Capuano Scarlato. *Geografia em verso e reverso*. São Paulo: Nacional, 1997.)

O desmatamento às vezes é encarado como consequência tanto de atividades econômicas locais como de hábitos próprios da cultura da região — como o costume de usar o fogo para limpar a roça, por exemplo. Entretanto, analisando o problema do desmatamento por essa ótica, podemos perder de vista alguns aspectos estruturais que levam não só o agricultor, mas um conjunto grande de pessoas em todo o país a destruir as florestas tropicais remanescentes. Isso fica evidenciado quando lembramos que nos últimos quinhentos anos a mata Atlântica foi reduzida a 5% de sua área original em consequência dos ciclos econômicos da cana-de-açúcar, no Nordeste, e do café, no Sudeste, seguidos pelo desenvolvimento industrial polarizado, pela urbanização concentrada, etc. Por isso, a análise do desmatamento tem de levar em consideração fatores macroeconômicos, que influenciam as políticas públicas econômicas nacionais.

Outro fator de agravamento dos desmatamentos é o crescimento econômico de países como o Brasil, ocorrido à custa de capital estrangeiro, obrigando o envio de enormes quantias de dinheiro para saldar compromissos assumidos com bancos internacionais. Desse modo, todo o dinheiro carreado para o exterior são recursos que deixam de ser investidos internamente, geralmente afetando, sobretudo, as políticas sociais fundamentais, como saúde, moradia, educação, saneamento básico e, evidentemente, conservação ambiental. Isso toma dimensões ainda mais graves quando sabemos que frequentemente esses empréstimos são aplicados em obras que não visam solucionar problemas sociais da população mais carente.

Não é de estranhar, pois, a ausência quase completa de políticas públicas de apoio aos planos de conservação ambiental. Quando tais políticas existem, são fragmentárias e setorizadas. Por exemplo: apesar da importância ambiental das unidades de conservação (UCs) — parques, estações ecológicas, áreas de proteção ambiental, etc. —, elas cobrem menos de 10% do território nacional.

Devemos acrescentar a esse quadro a ineficiência dos governos, os mecanismos de corrupção e os interesses políticos de grupos que visam somente benefícios pessoais.

# Capítulo 7

# O desmatamento nas florestas Amazônicas

**Desmatamento da floresta Amazônica**

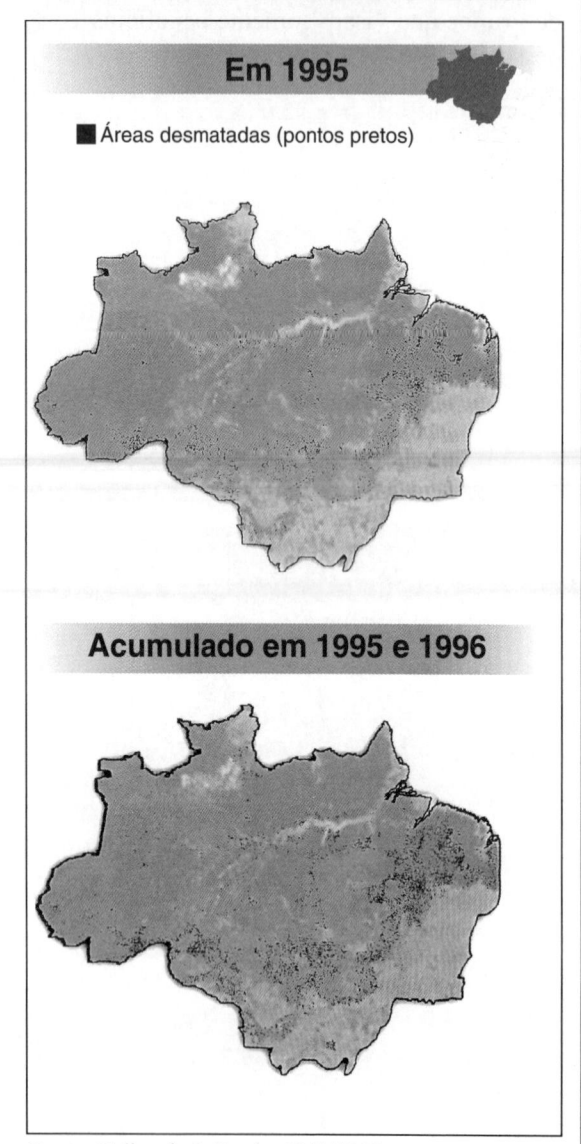

**Em 1995**

■ Áreas desmatadas (pontos pretos)

**Acumulado em 1995 e 1996**

*Fonte: Folha de S. Paulo, 28/1/1998.*

*Uma área maior que a da França já foi devastada ou seriamente danificada na floresta. O Brasil nunca retomou o vigor destrutivo dos anos 80, quando o país se tornou um pária mundial da ecologia, mas a floresta está desaparecendo ao ritmo de um território como o de Sergipe a cada ano e meio. Por que e para quê?*

(Revista *Veja*, 20/12/1997.)

Durante as últimas décadas, o desmatamento na Amazônia tem sido tema de amplo debate. Distante do processo de ocupação e da mira do desenvolvimento, a floresta Amazônica, ocupada predominantemente por populações indígenas, seringueiros, ribeirinhos, posseiros e pequenos proprietários, entre outros, permaneceu até aproximadamente a década de 1960 como uma grande área de vegetação contínua. As cidades encravadas na floresta apresentavam os menores contingentes populacionais do Brasil. Mas, nas últimas três décadas, a situação mudou. Desde o final da década de 1960, quando houve aceleração das ocupações rural e urbana, como consequência de projetos de assentamento rural, abertura de estradas e construção de hidrelétricas, estima-se que uma área maior do que a França já tenha sido desmatada. A maior transformação foi a conversão de grandes áreas de florestas da bacia Amazônica em pastagens de baixa produtividade. Em geral, essas pastagens permanecem produtivas apenas por um curto período de tempo, entre quatro e oito anos, e depois são abandonadas. Já existem milhões de hectares abandonados na Amazônia e estima-se que mais de 10% da área total de florestas já tenha deixado de existir. Mais do que estabelecer uma porcentagem do desmatamento, o debate em torno desse assunto deve ser reorientado para as causas desse desmatamento e as formas de conter e reverter esse quadro.

Segundo a Sociedade Brasileira de Zoologia, a lista dos 208 animais mais ameaçados de extinção no Brasil contém muitas espécies que ocorrem na região amazônica. Veja alguns exemplos:

| Mamíferos | Aves | |
|---|---|---|
| ariranha | águia-cinzenta | gavião-real |
| boto-caximbo | anambé-de-asa-branca | guará |
| cuxiú | anambé-militar | jacu-de-barriga-amarela |
| jaguatirica | apuim-de-cauda-amarela | jacu-estalo |
| lontra | apuim-de-cauda-vermelha | mutum-de-penacho |
| macaco-aranha | arara-azul-de-lear | mutum-pinima |
| macaco-barbado | ararajuba | papa-formigas-de-gravatá |
| onça-parda | ararinha-azul | pássaro-preto-veste-amarela |
| onça-pintada | balança-rabo-canela | pato-mergulhão |
| ouriço-preto | balança-rabo-de-bico-preto | pavó |
| peixe-boi-de-rio | balança-rabo-de-cabeça-preta | pica-pau-de-cara-amarela |
| sauim-de-coleira | beija-flor-de-bico-virado | pica-pau-de-coleira |
| | cardeal-amarelo | pica-pau-rei |
| | charão | pintor-verdadeiro |
| **Répteis** | choquinha-de-friburgo | sabiá-castanho |
| jacaré-açu | crejoá | sabiá-da-mata-virgem |
| jacaré-de-papo-amarelo | falcão-de-peito-vermelho | sabiá-pimenta |
| tartaruga-de-couro | flamingo | socó-boi-das-cachoeiras |
| tartaruga-verde | fura-mato | tesourão-de-rabo-branco |
| tartaruga-da-amazônia | gavião-de-penacho | tietê-de-coroa |
| | gavião-pombo-grande | uiraçu-falso |

Os principais agentes do desmatamento são as queimadas, para a implantação das fazendas de gado, a extração de madeiras e minerais e o garimpo. A experiência mundial tem demonstrado que a devastação de florestas tropicais ocorre numa velocidade espantosa em regiões pobres e que é muito difícil protegê-las quando se deixam desprotegidos os seus habitantes.

Na verdade, na Amazônia as iniciativas governamentais sempre foram simplistas, ou voltadas para grandes projetos de retorno social duvidoso, como o programa de abertura de estradas, ou os investimentos em hidrelétricas. Essas políticas quase sempre incentivaram ainda mais o desmatamento, seja rasgando a região com estradas inúteis, seja atraindo sem-terras do Nordeste e do Sul do país para desmatar e plantar na floresta, seja incentivando a criação de gado em grandes latifúndios. E, quanto às populações indígenas, as políticas sempre lhes foram desfavoráveis, tirando-as de seus territórios a pretexto de fazer a Amazônia progredir.

*Depois que o presidente Juscelino Kubitschek declarou que seu governo iria "arrombar a selva", ao iniciar as obras da rodovia Belém-Brasília, em 1958, a receita da fanfarronice amazônica entrou na moda. Uma das fixações da ditadura militar nos anos 60 e 70 era integrar a Amazônia ao resto do Brasil a toque de corneta. Os militares temiam duas coisas. Uma delas, que o vazio da floresta fosse ocupado por invasores de países vizinhos. A outra, que acabasse sendo reivindicado pelas nações ricas para acomodar os pobres que sobravam em outros lugares. Afinal, e se a ONU começasse a forçar a mão para que o Brasil aceitasse 300 milhões de chineses na Amazônia, onde é que iria parar a soberania brasileira sobre a floresta? Esse era o sentimento que predominava nos quartéis durante aqueles anos. A ordem em Brasília era colonizar a Amazônia de qualquer maneira, o mais depressa possível, custasse o que custasse. "Integrar para não entregar", conforme dizia um dos slogans da época. Nunca o desmatamento foi realizado com tanto esmero e idealismo.*

(Revista *Veja*, 20/12/1997.)

O que na verdade é preciso colocar de forma clara é que a Amazônia nunca foi um vazio demográfico. Ela sempre teve um modo de ocupação característico das populações indígenas que ali vivem. A baixa densidade demográfica é uma característica de sobrevivência. Ela garante as possibilidades extrativas dos povos da floresta, a manutenção biológica da floresta e permite a exploração sustentada de recursos.

Assim, qualquer projeto de comunicação, transporte, agricultura e urbanização, antes de mais nada, tem de respeitar essa premissa. Se isso fosse um pré-requisito para o planejamento e desenvolvimento de projetos na região, não teríamos gasto milhões de dólares construindo estradas como a Transamazônica, que provocou enormes danos à floresta e não atingiu nenhum dos objetivos de desenvolvimento e "integração". As roças implantadas ao longo da estrada logo tiveram seus solos esgotados e uma massa de pequenos proprietários rurais inchou as cidades, avançou sobre novas áreas de floresta, engrossando as fileiras de pessoas marginalizadas e empobrecidas.

O desmatamento é produzido pelas grandes empresas de agropecuária e madeireiras e por especuladores. Grandes empresas sem nenhuma tradição agrícola, como a Volkswagen e a Varig, e alguns bancos, como o Atlântica Boa Vista, implantaram projetos na região para garantir terras e, muitas vezes, apenas para receber incentivos governamentais que seriam aplicados em negócios de outra natureza. Esses projetos quase sempre desconsideraram as vocações próprias da floresta.

# Os números do desmatamento

Até 1988, a área desmatada na Amazônia era de 410 700 quilômetros quadrados, ou 8,4% da floresta. Em 1991, foram detectados por satélite cerca de 75 600 focos de incêndio no período da seca. As queimadas foram feitas para a formação de pastos e lavouras. Cada queimada provoca, em média, emissão de 4 500 toneladas de $CO_2$, 750 toneladas de CO e 25 toneladas de metano.

É importante relativizar esses números, pois eles representam uma média dos valores, e a realidade é que o desmatamento se distribui de forma bastante desigual na bacia Amazônica. Vejamos estes dois casos:

*Em menos de 20 anos, os 100 000 quilômetros quadrados do vale dos Carajás deixaram de ser mata para virar pasto de quase 1 milhão de bois. O avanço da pecuária extensiva, a corrida dos garimpeiros até serra Pelada e os empregos indiretos gerados pela atividade da Companhia Vale do Rio Doce criaram municípios miseráveis como Parauapebas, Curionópolis e Eldorado dos Carajás, que virou notícia em 1996 devido ao massacre de dezenove sem-terra por policiais militares. Ainda nesse ano, as três cidades registraram quase 6 mil casos de malária, que atingiu assim, em um único ano, 5% da sua população. Houve ainda mil ocorrências de tuberculose e centenas de pessoas contraíram lepra. A cada ano, o pasto avança sobre o que sobrou de mata. Em vez de gastar dinheiro em calcário e outros corretivos para o solo, pobre em nutrientes, os pecuaristas preferem queimá-lo. O fogo fertiliza a terra com a cinza, mas consome a sua já pouca riqueza natural. No Pará, pesquisas mostram que em doze anos o solo fica tão destruído que nem a grama nasce mais. É como um deserto. Quem olha hoje o vale dos Carajás duvida que um dia aquilo tenha sido coberto por floresta. Só acredita observando os últimos 4 mil quilômetros quadrados de mata contínua da região, que sobreviveram à sanha da devastação porque estão na propriedade da Companhia Vale do Rio Doce.*

(Revista *Veja*, 20/12/1997.)

Um estudo feito na região do Bico do Papagaio, no extremo norte de Tocantins, demonstrou que em menos de trinta anos a região perdeu 100% de suas florestas.

As áreas desmatadas podem recuperar a condição florestal, na forma de florestas secundárias, por meio do processo natural de sucessão ecológica. No entanto, a taxa de regeneração da flora depende, entre outros fatores, da duração e da intensidade do uso do solo. Nos casos de uso prolongado e abusivo, com queimadas frequentes, forma-se um novo tipo de vegetação: uma espécie de campo aberto, de pouco valor econômico.

As espécies florestais encontram muita dificuldade para se estabelecer nessas áreas de campo aberto. Muitas espécies não apresentam sistemas de dispersão capazes de transportar suas sementes para as pastagens. E, mesmo que algumas sementes consigam chegar, a probabilidade de elas serem devoradas por predadores, formigas e ratos, abundantes em pastagens degradadas, é muito alta. Isso sem considerar o estresse hídrico e a competição com outras espécies, fatores importantes que também dificultam o estabelecimento dessas árvores em ambientes de pastos abandonados. Felizmente, os sítios de difícil regeneração ainda são raros na Amazônia de hoje, mas, se os usos abusivos da terra e a aplicação indiscriminada do fogo continuarem na região, é possível prever um aumento substancial na extensão das áreas degradadas num futuro próximo.

## Evolução das áreas desmatadas

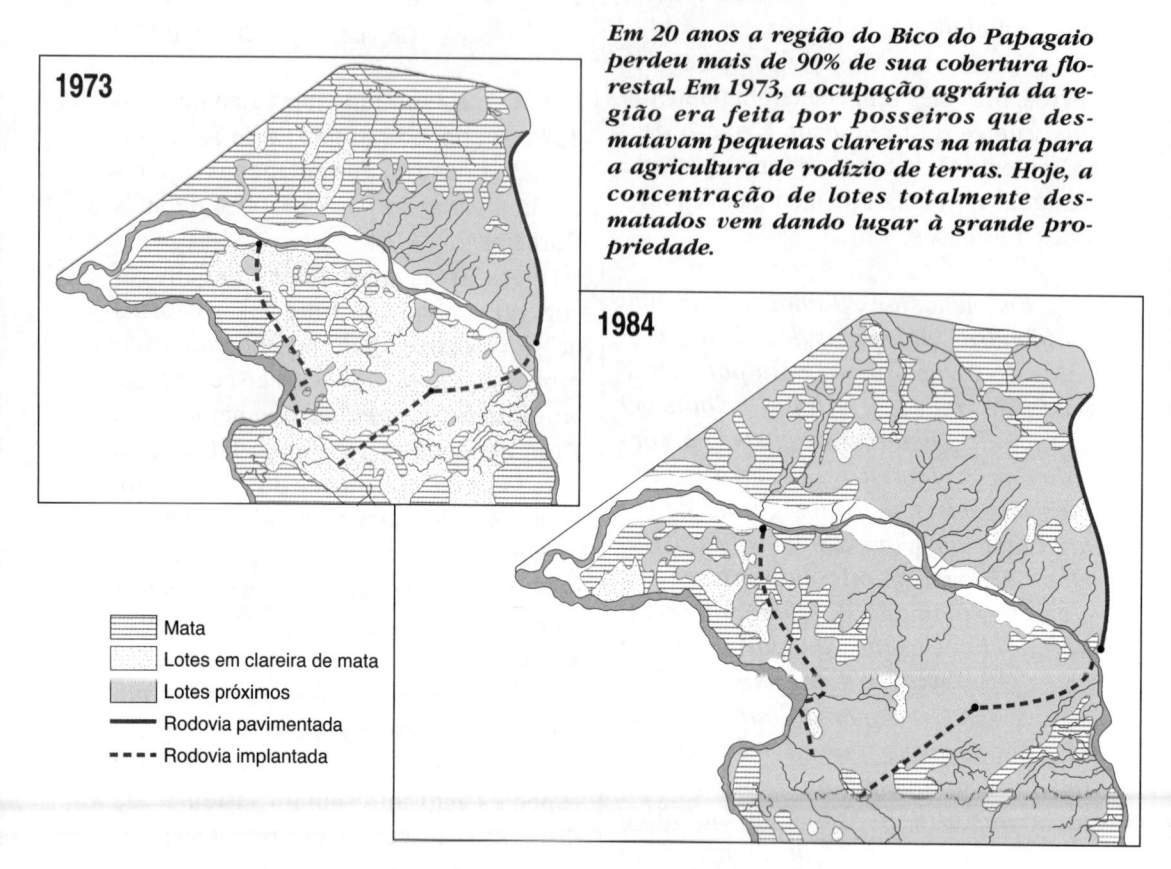

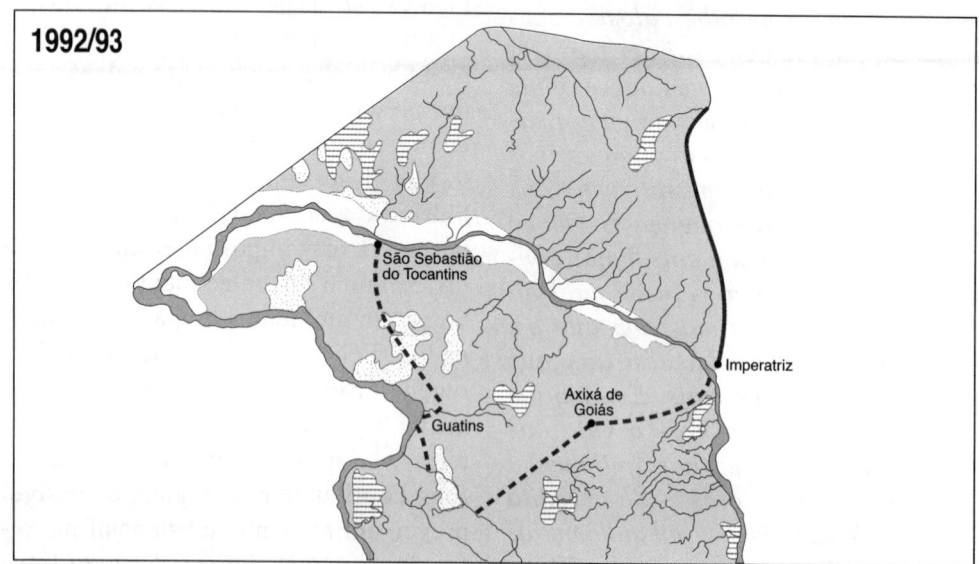

**1973**

Em 20 anos a região do Bico do Papagaio perdeu mais de 90% de sua cobertura florestal. Em 1973, a ocupação agrária da região era feita por posseiros que desmatavam pequenas clareiras na mata para a agricultura de rodízio de terras. Hoje, a concentração de lotes totalmente desmatados vem dando lugar à grande propriedade.

**1984**

- Mata
- Lotes em clareira de mata
- Lotes próximos
- —— Rodovia pavimentada
- ---- Rodovia implantada

**1992/93**

São Sebastião do Tocantins
Imperatriz
Axixá de Goiás
Guatins

*Fonte:* SADER, Maria Regina T. In: SAMPAIO, F. A. A., ANGELO-FURLAN, Sueli (org.). *Desmatamento e agricultura no Brasil.* ONU/UNRISD, 1995.

# Capítulo 8

# O desmatamento no domínio das matas Atlânticas

As matas Atlânticas passaram por um processo de destruição sistemática ao longo da história brasileira. Hoje restam apenas 7% dessas matas, localizadas, em sua maior parte, no Estado de São Paulo. Dentro desse domínio, encontram-se as florestas que cobrem o litoral brasileiro de norte a sul e suas extensões para áreas menos úmidas do interior das regiões Sudeste e Sul. No domínio das matas Atlânticas estão as maiores cidades brasileiras, onde vivem 80 milhões de pessoas, ou mais de 50% da população brasileira. Aí estão, também, os grandes polos industriais, químicos, petroleiros e portuários do Brasil, responsáveis por 80% do PIB nacional.

O Estado de São Paulo fica numa das regiões do domínio das matas Atlânticas, onde no passado havia uma das maiores interiorizações das florestas. Por isso, o seu desmatamento é muito significativo. No interior do Estado, por exemplo, quase toda a vegetação de florestas tropicais foi dizimada, restando apenas algumas manchas abrigadas em unidades de conservação. Estima-se que restaram apenas 3% da cobertura vegetal em todo o Estado. Na atualidade, a floresta vem sendo destruída para dar lugar às hidrelétricas e à expansão de investimentos imobiliários.

No século XVI, São Paulo possuía aproximadamente 81,8% de seu território coberto por florestas, compreendendo um grande número de tipos de mata — das escarpas litorâneas às barrancas do rio Paraná — determinados pelo clima e pelo relevo. Essas florestas, pouco estudadas ecologicamente, receberam denominações variadas, conforme a condição topoclimática em que se desenvolveram ou, simplesmente, conforme sua fisionomia. Assim, é possível encontrar na literatura, principalmente nos relatos de botânicos e de viajantes naturalistas, designações como: florestas pluviais (as da faixa litorânea), mesófilas de interior, de altitude (nas regiões serranas), matas frias de araucária (no planalto atlântico), etc.

Várias dessas formações foram praticamente extintas no Estado durante os diferentes ciclos econômicos que comandaram sua agricultura, industrialização e urbanização. Atualmente, as formações mesófilas e as matas de araucárias, quase totalmente destruídas com a expansão do café, estão representadas por pequenas manchas isoladas.

No Sudeste brasileiro, a maior devastação das matas Atlânticas se deu na época do ciclo do café, quando solos férteis das florestas foram substituídos pelas plan-

## O avanço da destruição

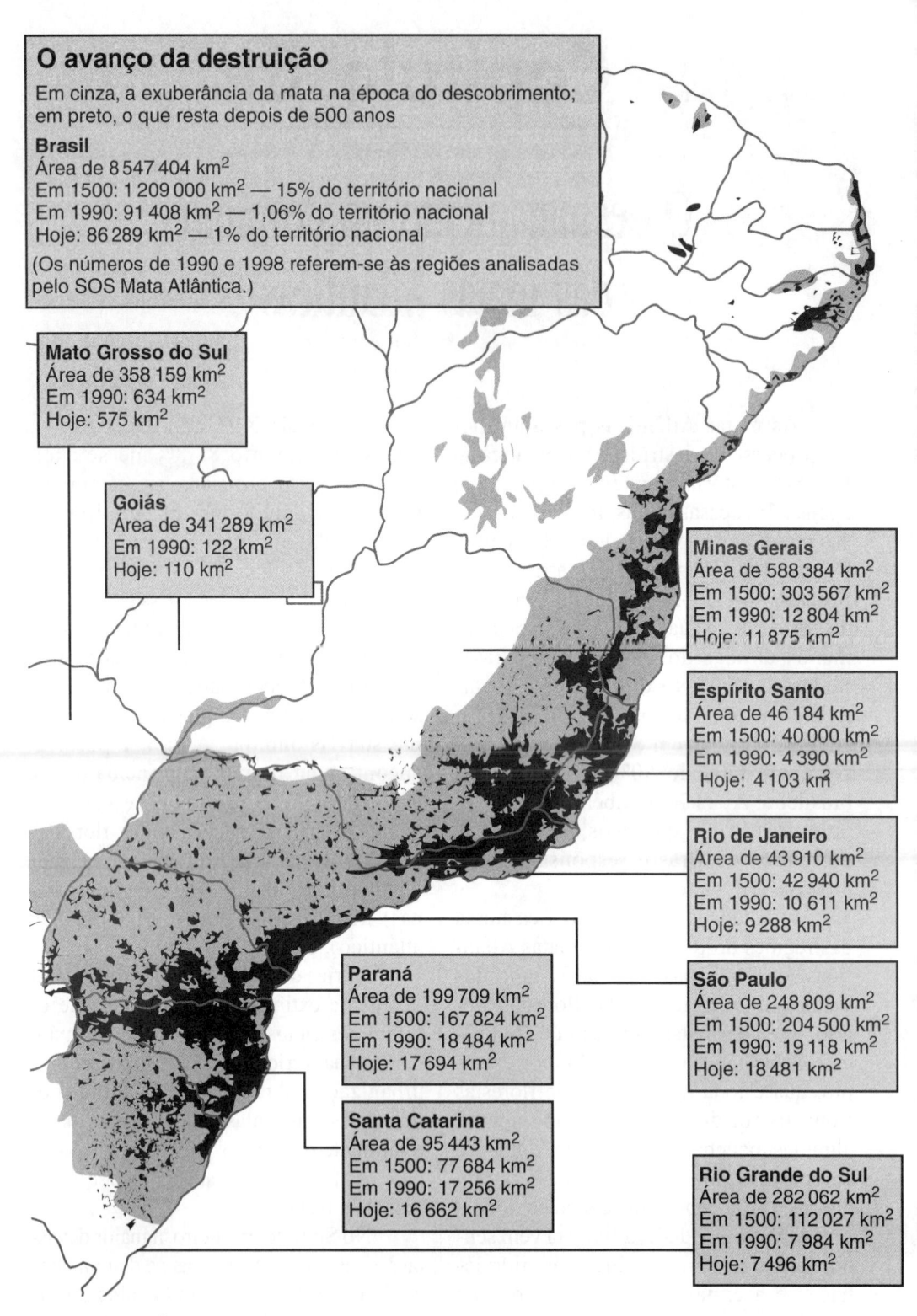

Em cinza, a exuberância da mata na época do descobrimento; em preto, o que resta depois de 500 anos

**Brasil**
Área de 8 547 404 km$^2$
Em 1500: 1 209 000 km$^2$ — 15% do território nacional
Em 1990: 91 408 km$^2$ — 1,06% do território nacional
Hoje: 86 289 km$^2$ — 1% do território nacional

(Os números de 1990 e 1998 referem-se às regiões analisadas pelo SOS Mata Atlântica.)

**Mato Grosso do Sul**
Área de 358 159 km$^2$
Em 1990: 634 km$^2$
Hoje: 575 km$^2$

**Goiás**
Área de 341 289 km$^2$
Em 1990: 122 km$^2$
Hoje: 110 km$^2$

**Minas Gerais**
Área de 588 384 km$^2$
Em 1500: 303 567 km$^2$
Em 1990: 12 804 km$^2$
Hoje: 11 875 km$^2$

**Espírito Santo**
Área de 46 184 km$^2$
Em 1500: 40 000 km$^2$
Em 1990: 4 390 km$^2$
Hoje: 4 103 km$^2$

**Rio de Janeiro**
Área de 43 910 km$^2$
Em 1500: 42 940 km$^2$
Em 1990: 10 611 km$^2$
Hoje: 9 288 km$^2$

**Paraná**
Área de 199 709 km$^2$
Em 1500: 167 824 km$^2$
Em 1990: 18 484 km$^2$
Hoje: 17 694 km$^2$

**São Paulo**
Área de 248 809 km$^2$
Em 1500: 204 500 km$^2$
Em 1990: 19 118 km$^2$
Hoje: 18 481 km$^2$

**Santa Catarina**
Área de 95 443 km$^2$
Em 1500: 77 684 km$^2$
Em 1990: 17 256 km$^2$
Hoje: 16 662 km$^2$

**Rio Grande do Sul**
Área de 282 062 km$^2$
Em 1500: 112 027 km$^2$
Em 1990: 7 984 km$^2$
Hoje: 7 496 km$^2$

*Fonte:* Revista *Época*, 25/5/1998.

tações. Os desmatamentos progrediram pela região litorânea, a partir da fronteira do Estado do Rio de Janeiro, alcançando depois o vale do rio Paraíba; em seguida a cafeicultura expandiu-se para o interior paulista, abrangendo quase todo o Estado. Na década de 1920, a devastação já havia reduzido a cobertura original do Estado a 44,8% de sua área total. Na década de 1950, restavam apenas 26% da floresta original. Hoje, as estimativas apontam remanescentes de cobertura florestal em torno de 7,4% para todo o Estado. Colaboraram ainda para a "extinção" das florestas paulistas: a cultura da cana-de-açúcar, do eucalipto e do pinheiro-do-caribe — estes utilizados na silvicultura — e as pastagens.

### Evolução da perda de cobertura florestal no Estado de São Paulo

| Ano | Área (× 100 ha) | Área* (%) |
|---|---|---|
| 1500 | 20 450 | 81,8 |
| 1854 | 19 925 | 79,7 |
| 1886 | 17 625 | 70,5 |
| 1907 | 14 500 | 58,0 |
| 1920 | 11 200 | 44,8 |
| 1935 | 6 550 | 26,2 |
| 1952 | 4 550 | 18,2 |
| 1962 | 3 406 | 13,7 |
| 1973 | 2 075 | 8,3 |
| 1985 | 1 850 | 7,4 |
| 1990 | 1 912 | 7,7 |
| 1998 | 1 848 | 7,4 |

* Relativo à área total do Estado.

*Fontes:* VITOR, M. A. M. *A devastação florestal.* São Paulo: Sociedade Brasileira de Silvicultura, 1975; FUNDAÇÃO SOS MATA ATLÂNTICA/INPE. *Atlas da evolução dos remanescentes florestais e ecossistemas associados do domínio da mata Atlântica no Estado de São Paulo no período de 1985-1990.* São Paulo, 1992.

É importante ressaltar que essas estatísticas devem ser olhadas com cuidado, pois se referem a uma média para o Estado. O vale do Ribeira, em São Paulo, conta com as maiores extensões de florestas remanescentes: sua cobertura florestal corresponde a mais de 50% da área original da floresta.

### Evolução da perda de cobertura florestal no vale do Ribeira, Estado de São Paulo

| Ano | Área (× 100 ha) | Área* (%) |
|---|---|---|
| 1500 | 15 000 | 94,5 |
| 1854 | 14 990 | 94,4 |
| 1886 | 14 960 | 94,2 |
| 1907 | 14 940 | 94,1 |
| 1920 | 14 900 | 93,8 |
| 1935 | 14 720 | 92,7 |
| 1952 | 14 590 | 91,9 |
| 1962 | 13 930 | 87,8 |
| 1973 | 11 270 | 71,0 |
| 1985 | 8 680 | 54,7 |
| 1990 | 8 540 | 53,8 |

* Relativo à área total do Estado.

*Fonte:* SAMPAIO, F. A. A., ANGELO-FURLAN, S. *Políticas públicas, desmatamento e agricultura no vale do rio Ribeira de Iguape:* estudo de caso 5. São Paulo: Instituto de Pesquisas Ambientais, 1995. Inédito.

As diferenças na intensidade de desmatamento se explicam pelo fato de o vale do Ribeira nunca ter acompanhado os ciclos econômicos dominantes no Estado, configurando-se sempre como uma região de economia marginal. A partir da década de 1970, com a abertura de estradas, a agricultura da banana se expandiu pelo centro do vale, ao mesmo tempo que os municípios ao longo da rodovia apresentaram um crescimento urbano maior. Recentemente, quase todas as áreas de florestas remanescentes nessa região foram incluídas em unidades de conservação, que abrangem cerca de 58,51% das terras florestadas do vale.

As florestas remanescentes que recobrem a serra do Mar e de Paranapiacaba, em São Paulo, têm como característica fundamental uma elevada biodiversidade. Essa diversidade é reflexo de um mosaico natural que se desenvolveu em consequência de gradientes altitudinais, pedológicos e topográficos. As diferentes formações florestais estão interligadas por complexos processos ecológicos, conforme comprovam vários estudos. Comunidades de encostas e montanhas formam mosaicos com as das planícies aluviais e marinhas, por um lado, e com formações mais secas do reverso da serra, por outro. Esses mosaicos estão permeados por manchas de capoeirões e matas secundárias de extensões variáveis, ainda mal conhecidos em sua estrutura e dinâmica. Os fragmentos florestais atuais das matas Atlânticas são, portanto, predominantemente formações sucessionais.

A complexidade ambiental e a biodiversidade também são resultado do manejo das florestas pelas populações que nelas habitaram. As culturas pré-cabralinas (ameríndios) e alguns segmentos diferenciados da sociedade majoritária (populações tradicionais), como os camponeses caiçaras e os quilombolas, que se caracterizam por manter uma forte interação com as florestas, influíram no seu desenvolvimento. A comunidade tradicional caipira, formada por grande número de pequenos produtores rurais que habitam há muitas gerações as regiões florestadas, complementa sua atividade de agricultura itinerante com o extrativismo e cultiva, na sua pequena gleba, espécimes da floresta nativa (algumas árvores frutíferas e plantas que fornecem matéria-prima para a fabricação de utensílios domésticos). Esse padrão não é exclusivo do vale do Ribeira, pelo contrário: guardadas certas peculiaridades regionais, o modelo se repete em praticamente todo o território brasileiro, reflexo do sistema de ocupação do país, desde a chegada dos europeus. A contribuição dessas populações na formação da fisionomia da região tem sido praticamente ignorada, da mesma forma que pouca atenção se dá ao seu conhecimento e às suas técnicas de uso do ambiente. É importante enfatizar que muitas dessas populações derivam de povoamentos residuais de surtos econômicos (cana-de-açúcar, café, mineração, entre outros), ou de migrações internas decorrentes de perseguições (índios), catástrofes (secas) ou da exclusão econômica em outras regiões do país.

# PARTE 3

# CONSERVAÇÃO: CONHECER, RESPEITAR E USAR

# Capítulo 9

# Os fragmentos florestais e sua dinâmica

Atualmente, quase todo desmatamento de florestas tropicais úmidas ocorre no mundo tropical. Como vimos, a demanda por madeira é um dos fatores responsáveis por essa destruição. O que muitos deveriam saber, no entanto, é que, segundo pesquisas, se as florestas não forem totalmente removidas e se os solos não forem destruídos durante três décadas, boa parte da madeira poderá se regenerar. Mas o consumo intenso de algumas espécies pode levar madeiras nobres, como o mogno, à extinção. Mesmo o desmatamento e o corte seletivo dentro de matas que possuem madeiras nobres têm colocado muitas espécies vegetais da flora brasileira em risco de extinção, pois a rede de estradas — frequentemente construídas para busca e retirada da madeira — abre caminho para a grilagem de terras e para sua ocupação desordenada.

Outro fator responsável pela destruição das florestas tropicais é a crescente tendência de fragmentá-las. Fragmentar a floresta significa quebrar a sua continuidade, criando apenas manchas ou "ilhas" florestais. Se a atual tendência de consumo de madeira continuar no próximo milênio, estaremos devorando cerca de 4 milhões de toneladas de madeira por ano.

Várias pesquisas realizadas na Amazônia e nas matas Atlânticas visam compreender os efeitos e o funcionamento dos fragmentos florestais.

Em alguns casos, da formação contínua do passado resta apenas uma ilha ou fragmento florestal. As dimensões dos fragmentos podem variar, mas, qualquer que seja seu tamanho, eles possuem dinâmica própria, diferente da floresta original. Fragmentos florestais de poucas dezenas de hectares podem conter boa representatividade da flora e da fauna regionais, mas nunca a mesma biodiversidade. Estudos ecológicos demonstram que muitas espécies de plantas e animais podem sobreviver em florestas fragmentadas, produtoras de madeira, e que alguns animais estão adaptados para viver em florestas plantadas, ou secundárias, oriundas de fragmentos de florestas primárias. No futuro, é provável que paisagens florestais de muitos países contenham apenas manchas das florestas primárias, com grandes áreas de entorno de produção manejada. Há também indicativos de que, ao redor de paisagens agrícolas ou de exploração madeireira, os pequenos fragmentos de florestas primárias sejam conservados. Isso é muito importante, porque, dessa forma, é possível que animais adaptados garantam sua sobrevivência. Para tanto é necessário conhecer o funcionamento dos fragmentos florestais, para conduzir adequadamente a sua conservação.

*O parque Trianon, em São Paulo (SP), representa uma "ilha" de mata Atlântica de planalto, cercada pela "selva de pedra".*

As áreas verdes urbanas podem ser consideradas fragmentos florestais. Elas são exemplos de "ilhas" de vegetação isoladas pela urbanização e algumas vezes representam mosaicos de coberturas vegetais. O estudo da vida de animais e plantas nessas "ilhas" de floresta é fundamental para se pensar estratégias adequadas de conservação ou de recuperação ambiental.

## ■ Como animais e plantas sobrevivem em fragmentos florestais?

Assim como uma ilha verdadeira em relação ao continente, um fragmento florestal abriga menos espécies do que a floresta original, pois há diminuição da área disponível e, consequentemente, redução do número de hábitats. Num fragmento florestal, um animal carnívoro, por exemplo, tem de encontrar suas presas dentro de uma área bem menor do que aquela de que dispunha antes da fragmentação. Para atender às necessidades desse carnívoro, o fragmento deveria ter tamanho suficiente para permitir a manutenção da cadeia alimentar. O fragmento teria também de suprir as necessidades de espaço para reprodução, abrigo, perambulação, etc., desse animal. Portanto, para conservar as comunidades, os fragmentos florestais precisam ter tamanho suficiente para dar todo o suporte biológico necessário para a constituição da área de vida das espécies.

Como vimos, um fragmento florestal apresenta possibilidades tão limitadas quanto as de uma ilha verdadeira. Em ambos, o tamanho da população de cada espécie depende da área disponível. A ilha de Marajó, no litoral amazônico, tem área muito maior do que a de ilhotas na mesma região e, portanto, maior disponibilidade de hábitats. Comparando ainda os fragmentos florestais com situações insulares, sabemos que ilhas muito distantes da costa estão mais isoladas geograficamente, ou seja, é mais difícil para os animais e plantas que as habitam manter comunicações genéticas com populações continentais ou mesmo de outras ilhas: um fragmento florestal isolado de outro reproduz esse efeito. O tipo de barreira geográfica também influi na comunicação entre os fragmentos: uma cidade ou área urbana é uma barreira mais difícil de ser ultrapassada do que um mosaico de vegetações alteradas. Podemos constatar então que o tamanho do fragmento e seu grau de isolamento geográfico têm efeito importante sobre a sua biodiversidade.

Para a conservação da biodiversidade em fragmentos florestais, é preciso considerar sua área, o tipo de alteração em seu entorno e a história do processo de fragmentação. Pesquisas concluídas em regiões de clima temperado confirmaram, há algum tempo, que extinções de espécies variam na razão inversa ao tamanho do hábitat. Portanto, o tamanho do fragmento também está intimamente relacionado aos riscos de extinção impostos às florestas.

*Em parques nacionais norte-americanos, estudados por diferentes pesquisadores, houve pelo menos 42 casos, nos últimos cem anos, de extinções de espécies de mamíferos dentro dos limites da área protegida. Uma das razões apontadas para esse fato é que os parques são ilhas ecológicas (fragmentos), danificadas em suas bordas pelas ações humanas.*

(Schierholz, Thomas. Dinâmica biológica de fragmentos florestais. Revista *Ciência Hoje*, Rio de Janeiro, v. 12, n°. 71, p. 21-9, 1991.)

Será que o tamanho da área de um fragmento florestal é suficiente para assegurar a sobrevivência das espécies? Será que um fragmento florestal contém diversidade suficiente para se manter? As reservas e os parques devem ser maiores e em menor número ou devem ser menores, mas mais numerosos?

O estudo demográfico e a dinâmica das populações, antes e depois do isolamento geográfico do fragmento, são aspectos importantes ao se analisar a diversidade de uma floresta. Alguns estudos realizados em áreas mínimas em fragmentos florestais, na Amazônia, têm demonstrado que nessas áreas sempre ocorrerá decadência de algumas espécies, e que o conjunto de espécies resultantes do processo de decadência será apenas um subconjunto do todo original e, com certeza, quantitativamente diferente. Um aspecto curioso dessa dinâmica é que nem todas as espécies respondem da mesma forma à redução de área.

## Bordas

Entre os fragmentos florestais e a área de alteração existe uma zona limite convencionalmente chamada de *borda*. A borda ocorre tanto em ecossistemas naturais como em ecossistemas alterados pela ação humana. Em ambos os casos, estar na borda implica desfrutar uma posição diferente da que se desfruta no interior do fragmento. No caso das ilhas oceânicas, por exemplo, a borda é marcada pela interface terra-mar. Na região de confluência entre a terra e o mar, fatores do meio físico, como umidade, temperatura e ventos, geralmente apresentam alterações.

Pesquisas sobre a dinâmica das bordas de ecossistemas vêm sendo realizadas para que se possa compreender melhor os impactos causados pela fragmentação de florestas tropicais. Em algumas dessas bordas tem-se observado maior biodiversidade que no interior da floresta. Porém, na Amazônia, onde a ação humana é maior, nas bordas abruptas, criadas pelo desmatamento de floresta de terra firme, ocorre a decadência do ecossistema. Um fato chamou a atenção sobre o efeito de borda verificado naquela região: há uma mudança nas populações de pássaros em cada sub-bosque dos fragmentos florestais isolados. Também se observou redução na captura de aves, logo após o desmatamento. A apenas 10 metros da borda, foram apanhados 38% menos pássaros do que a 50 metros, e 60% menos do que um quilômetro adentro do fragmento. Entretanto, estudos de clareiras naturais produzidas pela queda de árvores mostraram que nelas não há nenhuma redução na captura de pássaros, em comparação com a floresta fechada circunvizinha.

Outro aspecto importante com relação às bordas são as relações alimentares. Muitas vezes, uma população de insetos que habita uma borda se modifica e, mesmo que permaneça no ecossistema, pode deixar de atender às necessidades alimentares de seus predadores. É o caso, por exemplo, de uma ave insetívora que desapareceu de um fragmento florestal, estudado na Amazônia, mesmo com a permanência das formigas das quais se alimentava.

Muitos experimentos sobre o comportamento da borda de fragmentos florestais têm sido incentivados, pois eles podem indicar, por exemplo, qual tamanho de uma reserva é o mais adequado para a conservação de sua biodiversidade. Conhecer o comportamento da borda pode também orientar as estratégias de conservação, pois permite prever que tipo de manejo deve ser aí implantado. Daí a importância desse conhecimento na proteção das reservas que estabelecem limites com áreas urbanas, agrícolas, de mineração, etc.

## Abarrotamento ou efeito influxo

O abarrotamento ou efeito influxo, outro fenômeno observado nos fragmentos florestais, consiste em uma superconcentração das populações de pássaros em reservas recentemente fragmentadas e isoladas por desmatamento. O tamanho da população parece ser diretamente proporcional ao número de pássaros refugiados, e inversamente proporcional à área remanescente de hábitat. Nas reservas com 1 hectare, o nível de captura de aves é mais alto do que nas reservas de 10 hectares, indicando que fragmentos menores sofrem uma "superlotação" dos seus espaços.

Pesquisas têm demonstrado que, além do aumento na taxa de captura, a taxa de permanência dos pássaros originalmente residentes na área do fragmento é menor do que a taxa de refugiados. Os pássaros residentes algumas vezes se esforçam tanto para defender seu território dos invasores que acabam apresentando um nível de mortalidade mais alto do que o natural, ou então simplesmente abandonam o fragmento.

## ■ Fragmentos florestais e relações ecológicas

Os estudos de fragmentos florestais no Brasil multiplicaram-se nas últimas duas décadas. Um deles, feito na Amazônia, mostrou que dez espécies de sapos, numa reserva de um hectare, foram extintas devido ao desaparecimento dos porcos selvagens (*Tayassu pecari*). A explicação é a seguinte: os porcos costumavam chafurdar em ambientes úmidos, locais usados pelos sapos para se acasalarem. Com o desaparecimento das chafurdas, os sapos perderam seu ambiente de reprodução.

Pesquisas têm evidenciado que populações de animais e plantas têm dinâmicas diferentes, conforme o fragmento em que se apresentam. Certas populações de formigas e pássaros, por exemplo, mostraram perda de diversidade. Por outro lado, um estudo realizado na Amazônia mostrou que, a longo prazo, o número de espécies de borboletas atingiu níveis mais altos do que os registrados antes do processo de fragmentação. Espécies que gostam de sol (heliófilas) e que habitam a mata secundária podem invadir o fragmento e com isso alterar o hábitat das espécies de sombra (heliófobas). Essa invasão pode ocorrer a até 300 metros adentro da borda do fragmento. Esse comportamento, no entanto, não deve ser encarado como um aspecto positivo da fragmentação da floresta, pois a invasão de novas espécies pode significar maior competição e, consequentemente, o desaparecimento de espécies mais especializadas ou típicas da floresta.

Apesar de muitos desses estudos ainda estarem em desenvolvimento, há indicações de que a fragmentação realmente leva à decadência do ecossistema original. As alterações do microclima, durante o processo de fragmentação, é um dos exemplos dessa decadência. Com o isolamento de um fragmento florestal, o sub-bosque é exposto repentinamente a condições microclimáticas drasticamente diferentes da anterior. A vegetação situada a até 2 metros da borda, por exemplo, é afetada nos primeiros dias. O aumento da exposição ao sol (em particular ao amanhecer e ao entardecer) e aos ventos quentes e secos que sopram da área desmatada circunvizinha altera o meio físico, trazendo sérias consequências para a fauna e a flora.

Em algumas situações estudadas, os chamados efeitos de borda parecem atingir até cerca de 100 metros no interior do fragmento, a partir do seu perímetro. Em uma reserva de 100 hectares, a temperatura atmosférica (à sombra) pode diferir em até 4,5 °C entre a borda e as áreas a 100 metros adentro. Em reservas florestais de 4 hectares ou menos, toda a área é afetada do ponto de vista microambiental. Outro aspecto importante é que o fragmento não deixa de sofrer mudanças depois de instalado, pois no seu interior árvores continuam caindo, abrindo clareiras que podem potencializar os efeitos da fragmentação.

Esses exemplos de estudos sobre as consequências dos efeitos de borda são suficientes para demonstrar a sua importância para o manejo de florestas. Como vimos, tais efeitos se estendem a até 100 metros no interior das reservas. Consequentemente, se por hipótese for criada uma reserva quadrada de 10 hectares de lado, o impacto total do efeito de borda atingiria quase 90% de sua área. Uma reserva de 100 hectares tem 35% da sua área afetada e mesmo nas de 1 000 hectares o impacto é de mais de 10%. Portanto, não se pode imaginar que os cuidados com o manejo florestal devam se restringir à delimitação de uma área de reserva. Como já dissemos, as florestas têm uma dinâmica muito complexa.

# ▪ Reflorestamento e fragmentos florestais na mata Atlântica

A mata Atlântica também tem sido objeto de estudos que visam aprofundar o conhecimento sobre as consequências ecológicas da fragmentação e de tecnologias resultantes da recuperação de florestas atlânticas úmidas. A pergunta básica que esses estudos procuram responder é: Como os pequenos fragmentos se comportam do ponto de vista ecológico em relação à diversidade e ao tamanho das populações biológicas? Uma das conclusões tiradas é a de que, frequentemente, os fragmentos florestais não são sustentáveis por causa do efeito de borda e dos distúrbios provocados pelo entorno ocupado por atividades humanas. Outra conclusão é que a conservação desses fragmentos requer práticas de restauração para manter a viabilidade ecológica e o funcionamento sistêmico a longo prazo. Uma das recomendações desses estudos é que se uma reserva for criada a partir de um fragmento florestal, o seu entorno deverá ser manejado como se fosse uma espécie de zona de transição. Esses estudos apontam também um processo contínuo de degradação florestal na margem da floresta. As bordas florestais têm densidades menores de árvores vivas e taxas de mortalidade mais altas do que no interior da floresta. Por isso, o ideal é criar reservas grandes que preservem o máximo de continuidade da floresta. Quando isso não for possível, é muito importante manter corredores florestais de comunicação e manejar as zonas de transição das bordas.

# Capítulo 10

# Conservação das florestas tropicais e manejo de sistemas florestais

Desde que de forma adequada, os ecossistemas florestais podem ser explorados e fornecer às sociedades bens materiais, como a madeira, o mais importante desses bens, as resinas, os frutos, as gomas, o látex, os óleos essenciais, as plantas medicinais e uma infinidade de derivados dessas matérias-primas. As florestas também fornecem bens imateriais, como a diversidade biológica, a potabilidade da água, a qualidade ambiental e de vida.

Muito se tem discutido a respeito da conservação desses bens e de como proceder para que essa conservação efetivamente aconteça. Como manejar as florestas tropicais para garantir que gerações atuais e futuras possam usufruir desses bens sem degradá-las e sem colocar em risco de extinção sua diversidade biológica? Como garantir que o modo como conduzimos a conservação permitirá a sua sustentabilidade futura?

A exploração das florestas tropicais deve permitir que ela continue sua trajetória biológica, ou seja, que ela preserve suas propriedades ecológicas e conserve seus sistemas funcionais. Por isso, o manejo não pode ser simplista. Por exemplo, quando se delimita uma reserva sem se preocupar com o que ocorre no seu entorno, o seu manejo pode ser comprometido.

Supor que o extrativismo é sempre uma boa forma de manejo da floresta é outro engano. Certas formas de extrativismo, quando corretamente controladas, garantem a conservação da floresta, como é o caso do extrativismo do látex da seringueira (*Hevea brasiliensis*), na Amazônia. A exploração do palmiteiro (*Euterpe edulis*) na mata Atlântica, por outro lado, da forma como vem acontecendo, tem colaborado para a degradação da floresta. É preciso, contudo, avaliar com muito cuidado antes de se condenar o extrativismo, uma vez que em muitos casos ele é praticado por populações indígenas ou pequenos agricultores, de forma controlada, garantindo a reposição natural do produto extraído. Quando não se trata desse caso, o manejo extrativista deve ser equacionado no conjunto de problemas estruturais, já apresentados anteriormente neste livro.

Para se alcançar um manejo sustentado da floresta, algumas precondições devem ser levadas em consideração:

- O manejo exige conhecimentos técnicos e científicos sobre o funcionamento do sistema florestal. Ou seja, exige que se conheça como solos, relevo, regime hidrológico, clima, demografia das plantas e a comunidade florestal de-

sempenham suas funções biológicas. Portanto, ele obriga que se saiba como a comunidade florestal interage no ecossistema.
- É importante conhecer os processos que levaram a floresta à sua situação presente, para que se possa reconhecer, inclusive, quando os fragmentos florestais atuais são florestas já degradadas, vítimas do desmatamento seletivo ou do manejo etnobiológico, isto é, praticado por populações culturalmente diferenciadas, como os povos indígenas.
- É necessário identificar o que se deseja colocar, de forma sustentável, à disposição da sociedade. Por certo, quando falamos em manejo para conservação, não estamos preocupados apenas com a produção de madeira para atender às mais variadas necessidades do mercado; estamos buscando uma forma de equacionar interesses humanos mais abrangentes.
- O interesse da sociedade pelas florestas nativas estende-se à sustentabilidade de bens imateriais, como diversidade florística, manutenção de mananciais hídricos, abrigo para a fauna silvestre e composição da paisagem.
- Práticas indígenas e de outras populações culturalmente diferenciadas devem também ser consideradas no manejo florestal.

## O manejo de florestas nativas

Já mencionamos que, no Brasil, a exploração das florestas Amazônicas e das matas Atlânticas tem se caracterizado pela derrubada da floresta para a implantação de sistemas agrícolas e pecuários, pelo estabelecimento de núcleos urbanos, pela exploração de minerais, etc., processo que frequentemente tem início por meio do corte seletivo das madeiras de maior valor comercial. Na Amazônia, após o esgotamento do potencial agrícola e pecuário, a terra é abandonada e, em alguns casos, a sucessão natural é retomada, formando-se, então, florestas secundárias.

Ainda conhecemos pouco sobre o funcionamento de nossas florestas, mas a urgência em preservá-las tem incentivado pesquisas no campo da conservação. Essas pesquisas visam conhecer sua composição, sua fitossociologia, a dinâmica na fragmentação, além de outros aspectos, mas os resultados são ainda insuficientes para fazer generalizações. Para muitos, tais trabalhos encontram-se em fase preliminar, de maneira que cada pesquisa se converte num experimento particular. Dessa maneira, para se falar, por exemplo, em sustentabilidade da produção para atender o mercado madeireiro, ainda serão necessárias muitas décadas de pesquisa.

Busca-se hoje identificar florestas que podem e devem ser manejadas com finalidades econômicas. Tratam-se, em sua maioria, de florestas Amazônicas ainda pouco impactadas pela presença humana, ocupadas por populações rurais dispersas, como seringueiros e indígenas, entre outras. Um ponto fundamental nesse tipo de manejo deve ser o conhecimento das características autoecológicas e sinecológicas da floresta, ou seja, como cada planta ou animal interage com a floresta ou como se comportam suas comunidades biológicas. Por meio dessa caracterização, podemos saber como e por que determinadas plantas ocorrem no bosque, como se distribuem, qual o seu potencial de exploração e quais as suas necessidades para a manutenção dos processos reprodutivos, de crescimento, etc.

Algumas experiências de manejo já têm sido acumuladas, a maioria delas seguindo um modelo de otimização dos usos já praticados pela população local, como a exploração da castanha-do-pará, da borracha, de certas fibras e alguns frutos, entre outros.

Dois projetos para o reflorestamento da Amazônia vêm sendo desenvolvidos. Um deles é o projeto de Reflorestamento Econômico Consorciado Adensado (RECA).

**Projeto RECA**
**(Reflorestamento Econômico Consorciado Adensado)**

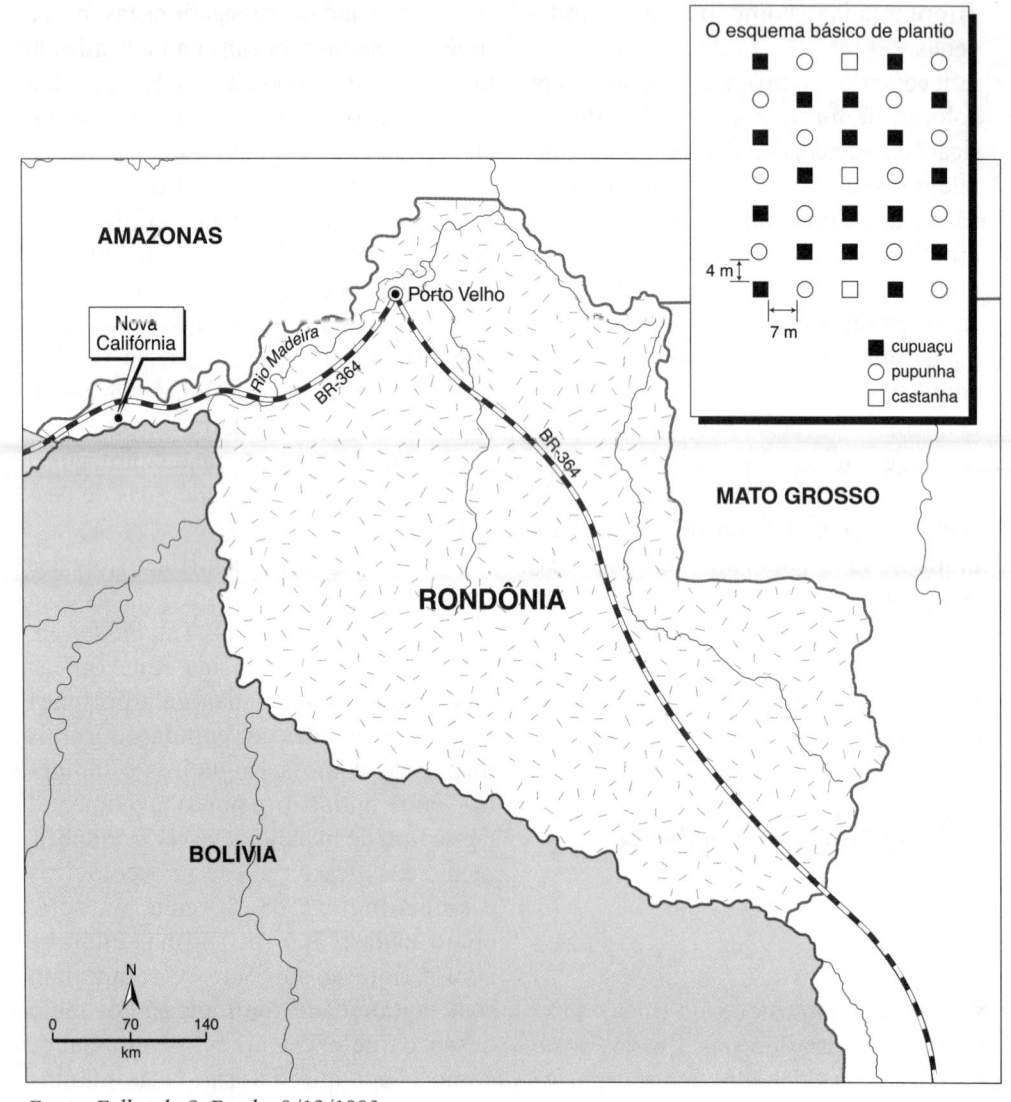

*Fonte: Folha de S. Paulo, 9/12/1993.*

*Pela BR-364 chegaram na década de 80 as levas de migrantes que transformaram Rondônia no estado mais desmatado da região. Rondônia tem uma taxa de perda de sua cobertura florestal de cerca de 17%. A paisagem das centenas de castanheiras mortas lembra o rastro de destruição que precedeu as patas do boi, as queimadas e as pastagens.*

(Folha de S. Paulo, 9/12/1993.)

Em Nova Califórnia (RO), entre as setecentas famílias assentadas pelo Instituto Nacional de Reforma Agrária (Incra), em 1984, havia migrantes paranaenses, gaúchos, catarinenses. Essas famílias traziam na memória o modo de cultivar de suas regiões de origem. Muitos já haviam passado pela decepção de participar de outros projetos de assentamento rural, em que não contavam com infraestrutura nem com política agrícola. Trezentas das 450 famílias que se instalaram em Nova Califórnia ainda vivem na expectativa econômica da agrossilvicultura. Essa expectativa se mantém agora com o projeto RECA, que procura incentivar a substituição da lavoura branca (milho, feijão, arroz), de difícil adaptação às condições amazônicas, por espécies arbóreas locais de valor econômico, como o cupuaçu, a pupunha e a castanheira. Leia o depoimento de Marcírio Sordi, presidente da Associação dos Agrossilvicultores do projeto RECA:

*Começamos a ver que não era só desmatar. Chove oito meses e a seca dura quatro. Não dá para trabalhar com chuva nem no sol forte. Chegamos à conclusão de que tínhamos que trabalhar no bosque. Escolhemos a castanha porque já estava aí. Descobrimos com a população local o cupuaçu. A pupunha entrou mais como sombrio para o cupuaçu, mas hoje não queremos saber de outra coisa. O projeto da agrossilvicultura é viável desde que seja administrado em benefício da maioria da população. A organização é a coisa mais importante no nosso projeto.*

(Folha de S. Paulo, 19/12/1993.)

Algumas plantas têm se mostrado promissoras nos sistemas agroflorestais, como o cupuaçu e a pupunha.

---

### *Cupuaçu*

*De sabor exótico, mas agradável, o cupuaçu rende por fruto 300 gramas de polpa, que é congelada e vendida para fazer suco e sorvete. Em todo o país, cresce o número de apreciadores dessa fruta.*

*Um hectare com 175 pés de cupuaçu pode render até US$ 1 500 por ano. Planta aparentada do cacau, o cupuaçu precisa de sombra para crescer. Tem ocorrência natural abundante, o que permite pensar na sua exploração sustentável e no adensamento do bosque com plantio dentro da mata.*

### *Pupunha*

*A pupunheira foi plantada no início para fazer sombra ao cupuaçu; mais tarde descobriu-se que do seu fruto é possível fazer sabão e farinha para consumo humano e ração para gado. Passa a fornecer palmito 22 meses após o plantio, enquanto o açaí demora cinco anos para produzir, e a juçara, sete. A pupunheira produz vários palmitos por planta, pois, como o açaí, cresce em touceiras.*

O cultivo de plantas nativas, respeitando sua ocorrência e distribuição na floresta, é economicamente viável e reduz a aceleração do desmatamento, introduzindo um modelo de ocupação diferente do das décadas de 1970 e 80, em que o desmatamento era símbolo de desenvolvimento econômico.

Outro projeto em desenvolvimento é o de microusinas para beneficiamento da castanha-do-pará em Xapuri (AC).

Em Xapuri, seringueiros reunidos há quase dez anos numa cooperativa apostam na modernização do extrativismo da castanha-do-pará. Para a implantação definitiva de um sistema economicamente rentável, falta vencer um último desafio: criar uma estrutura eficiente de distribuição. A castanheira-do-pará produz frutos muito ricos em proteínas e com larga aceitação nos mercados interno e externo.

A castanheira-do-pará produz um coco de onde se obtêm as castanhas. Estas precisam ser descascadas, secadas e embaladas a vácuo. Se não chega a ser refinada, a tecnologia requerida está longe de ser simples — e qualquer falha pode significar a não aceitação da castanha em mercados exigentes, como o europeu. Aliás esse é um entrave para muitos produtos brasileiros. Nossas frutas, para serem aceitas no mercado externo, têm de seguir as especificações de qualidade desse mercado, o que exige tecnologia. Se a nossa castanha não tiver qualidade adequada, o produto poderá ser banido das prateleiras no exterior.

Apesar de a castanha ser extraída há décadas, ninguém em Xapuri dominava o

*Mulheres trabalhando na usina de beneficiamento da castanha-do-pará, em Rio Branco (AC).*

ciclo completo do seu processamento. Parte do aprendizado se deu na Bolívia, onde há um projeto semelhante. Lá os brasileiros aprenderam a construir um armazém arejado para 600 toneladas de castanha com casca. Desse galpão, as castanhas passam para um secador giratório, com capacidade para mil latas, no qual ficam de 20 a 24 horas. Daí são colocadas num tanque de água fria, por 4 horas, para a casca desgrudar da amêndoa. Soltando-se a casca, as castanhas são quebradas numa bancada com 108 máquinas manuais, passando então para treze estufas (onde permanecem por 24 horas a temperaturas que vão de 30 °C a 60 °C); a seguir são classificadas em cinco tipos.

Esse processo tinha uma desvantagem: as castanhas eram transportadas com casca até a cidade, onerando desnecessariamente o frete (considere ainda que as estradas da região são quase intransitáveis). Surgiu então a ideia de realizar parte do trabalho de beneficiamento em microusinas dentro dos próprios seringais, o que teria a vantagem adicional de permitir aos trabalhadores do campo aumentar sua renda.

Existem, atualmente, três dessas usinas funcionando e outras possivelmente serão instaladas. O beneficiamento segue um processo específico, nas microusinas. Para começar, as castanhas permanecem oito dias ao sol para secar, depois uma noite na água, e em seguida é feita a quebra da casca em cinco máquinas (a pré-classificação, em apenas três tipos, é depois refeita em Xapuri). Por fim, as castanhas vão para o forno, onde ficam por um dia ou dois a temperaturas entre 60 °C e 75 °C. Uma microusina beneficia 700 quilos de castanha por mês, contando com o trabalho de cinco pessoas.

Esses dois projetos, o de microusinas e o RECA, embora tenham objetivos distintos, são igualmente importantes como alternativas de manejo de florestas nativas. De ambos podem-se extrair lições. Primeiro que o manejo de florestas nativas sempre pressupõe a não derrubada da mata; segundo, que é fundamental que a população local encontre a solução mais adequada a sua realidade sociocultural e se capacite para ela; terceiro, que é necessário buscar alternativas reais de mercado, uma vez que a conservação dessas florestas está diretamente ligada à possibilidade de seus habitantes tirarem delas seu sustento.

Temos, portanto, alguns desafios para o manejo florestal: melhorar a forma de exploração de florestas plantadas e investir nos conhecimentos básicos para o manejo de fragmentos florestais naturais, tendo como meta alcançar a sustentabilidade de florestas.

# Capítulo 11

# Políticas de conservação das florestas tropicais no Brasil

A política brasileira de criação de unidades de conservação ou de áreas de proteção ambiental coincidiu com o chamado período da democratização nacional, ocorrido entre 1984 e 1990, quando os problemas ambientais brasileiros começaram a merecer maior atenção tanto por parte da sociedade como do governo. Analisando a natureza dos problemas relativos ao meio ambiente no Brasil, percebemos que há por trás deles questões socioambientais mais abrangentes. Podemos dizer que se configuram na sociedade brasileira dois pontos de vista opostos sobre meio ambiente: um deles é o dos que dirigem a política conservacionista; o outro é o daqueles que vivem diretamente a problemática ambiental em diversas situações:

- quando desfrutam uma má qualidade de vida nas cidades grandes;
- quando se veem impossibilitados de praticar sua agricultura tradicional devido a restrições impostas pela legislação;
- quando são vítimas da desigualdade de oportunidades de uso dos recursos da natureza;
- quando não têm acesso a informações sobre práticas agrícolas ou extrativistas de pouco impacto sobre o meio ambiente.

Talvez pudéssemos afirmar que há conflito entre as políticas públicas e o modo de viver de quem mora na cidade ou no campo. Conflito que, evidentemente, atinge em especial os segmentos sociais mais pobres.

Sem a pretensão de enfocar novamente um tema já trabalhado por outros autores nesta mesma coleção, faremos um breve histórico do contexto em que nasceu a política ambiental no Brasil.

A política de UCs no Brasil concebe que a conservação ambiental deve ter como uma de suas metas preservar espaços isolados da convivência humana, para que a natureza possa sobreviver aos impactos das transformações. De acordo com essa ótica, deveríamos "congelar" espaços para poder estabelecer uma nova relação com a natureza, livrando-nos do problema da degradação. Mas, nesse caso, como reconhecer, orientar, valorizar aqueles que agem em harmonia com a natureza? É necessário admitir que o homem sempre a transformará; e o desafio é utilizá-la considerando seus limites de tolerância, reduzindo impactos e recuperando o que foi degradado.

Quase todas as análises políticas sobre a criação e a implantação das UCs se restringem ao que foi decidido e estabelecido pelo governo. Muito pouco se tem registrado sobre o processo que movimenta os diferentes setores que atuam nessa questão. É preciso um esforço de análise para compreender as ações do poder público, das organizações não governamentais e dos moradores locais, para que se possa interpretar corretamente o estado real dessa política pública.

A política de criação de UCs ganhou grande impulso e diversificação no contexto social e político da década de 1980, e amadureceu em meio a grandes conflitos socioeconômicos. Com a crise do Estado brasileiro no final da década de 1990, verifica-se a fase que poderíamos caracterizar como de incerteza de rumos. Apesar de estarem sendo implantados novos modelos de gestão, contando inclusive com a participação dos moradores locais, essas políticas têm ainda como meta central impor atividades "estrangeiras" aos modos de vida locais. É o caso, por exemplo, do turismo ecológico, uma modalidade importante de uso das UCs e adequada a elas, mas que em muitas situações não representa os anseios da população local, que briga para manter suas atividades econômicas baseadas na agricultura familiar ou na pesca artesanal.

## ■ Concepções inspiradas em modelos importados

Uma das peculiaridades do conservacionismo nos países do Terceiro Mundo é que se baseia em legislações ambientais fragmentadas e condicionadas a certas contingências políticas impostas pelo modelo de desenvolvimento desses países. Não há registros de planos nacionais voltados para uma estratégia conservacionista. Quando existem programas mais significativos, abrangendo grandes regiões, eles frequentemente ficam distantes das diretrizes políticas que incentivam a industrialização e a agricultura, principalmente a agroindústria voltada para a exportação. Nesse contexto, durante os últimos trinta anos, houve grande empenho para que, por meio da criação de UCs, se desse visibilidade às ações do governo no que se refere à política ambiental. Os planos de zoneamento ecológico, como o da Amazônia e o do Mato Grosso, e o gerenciamento costeiro deveriam ser iniciativa para quebrar essa visão *insular* do conservacionismo. Mas o processo burocrático encerrado em redomas governamentais guarda muita semelhança com os procedimentos que foram adotados para a criação das UCs: a participação da população não está prevista em sua metodologia. Quando muito, os moradores ou as entidades de classe são convocados para audiências públicas, para tomarem conhecimento do plano. Isso sempre foi assim e, pelo que se pode depreender da leitura dos textos sobre a realidade em outros países, não foge à regra.

Apesar de a criação de parques nacionais e de áreas naturais protegidas em países subdesenvolvidos ser relativamente recente — numa comparação, por exemplo, com as iniciativas norte-americanas —, é preciso reconhecer que nos últimos trinta anos houve grande aumento no número de iniciativas desse tipo. É curioso notar que trinta anos atrás a tendência mundial já não era de criação de novas áreas protegidas: as políticas conservacionistas tendiam para o planejamento regional (supranacional). O surgimento desses parques no Terceiro Mundo deve-se, então:

- à pressão exercida por países desenvolvidos e por organismos financiadores internacionais, resultado da cres-

cente força política dos ambientalistas e conservacionistas, particularmente após a Conferência Internacional do Meio Ambiente, realizada em Estocolmo, em 1972;
- ao desenvolvimento da indústria do ecoturismo;
- à necessidade de os países com economia frágil buscarem formas de equilibrar suas balanças de pagamento e aumentar suas reservas cambiais;
- ao desenvolvimento de uma *conscientização ecológica* das classes dominantes do Terceiro Mundo.

Apesar da tendência à proliferação das áreas protegidas nos países do Terceiro Mundo, em particular no Brasil, elas têm se revelado ineficientes na conservação dos ecossistemas que se pretende proteger e, simultaneamente, têm agravado os problemas sociais típicos dos espaços rurais desses países.

A razão mais geral desse quadro é o fato de as unidades de conservação serem criadas seguindo modelos importados da Europa e da América do Norte, desconsiderando-se as enormes diferenças de condições sociais e ecológicas entre os países exportadores e importadores. Alguns autores identificam, na importação de modelos e na "socialização" dos problemas ecológicos, uma forma renovada do colonialismo, que denominaram *ecocolonialismo*. A forma autoritária como as unidades de conservação são criadas, implantadas e manejadas contribui para ampliar o drama social e promover impactos ambientais tanto na área protegida como nos seus arredores. A ausência de políticas públicas para a agricultura de subsistência, importante na produção de alimentos, e para a melhoria da qualidade de vida urbana colabora indiretamente para justificar a conservação de "ilhas"

ou paisagens naturais que possibilitem uma fuga das cidades, para contemplação e convívio com a natureza.

Além de os modelos de UCs terem sido copiados de outros países, os critérios de demarcação e a metodologia empregada no seu planejamento foram definidos sem trabalho de campo adequado e sem a participação dos moradores.

Outro setor em que as UCs encontram resistência é o do turismo. Na maioria dos pequenos países, principalmente da África e da Ásia, os parques nacionais e as áreas protegidas são criados principalmente para atender aos interesses da indústria do turismo. Esse fenômeno é particularmente acentuado nos países em que o ecoturismo tem participação significativa na economia, contribuindo para aumentar as reservas cambiais e melhorar a balança de pagamento.

No Brasil, a situação é diferente. A indústria do turismo tem participação relativamente pequena no Produto Interno Bruto (PIB) e o ecoturismo (naturismo), ainda incipiente, pouco representa no total da arrecadação com o turismo. Nossas UCs localizam-se nas zonas rurais, onde vive a população agrícola de baixa renda. Pode parecer curioso, mas a maioria das paisagens mais procuradas para o turismo foi criteriosamente excluída dos perímetros das UCs. Coincidência ou não, a indústria turística no Brasil, que é extremamente predatória, não teve até o momento grande interesse pelas UCs.

Nos últimos vinte anos, o principal problema macroeconômico brasileiro (do ponto de vista do pensamento desenvolvimentista e integracionista dominante) tem sido a obtenção de linhas de crédito para projetos de colonização e infraestrutura. Os ambientalistas, com isso, tiveram nas agências financiadoras externas, como o Banco Mundial (BIRD) e o Banco Interamericano de Desenvolvimento (BID), fortes aliados para pressionar os governos federal e estaduais para que criassem novas unidades de conservação e promovessem a implantação de parques e de outras áreas protegidas, a título de compensação ambiental pelos danos provocados pelos projetos de desenvolvimento.

Durante esses vinte anos, extensas áreas de terras devolutas do governo foram transformadas em unidades de conservação. Praticamente nenhum estudo foi feito sobre a ocorrência de populações interiorizadas, uma vez que, em tese, as áreas devolutas seriam *vazios populacionais*. Os poucos estudos que demonstravam a existência de populações foram negligenciados. A ideia do *vazio populacional* tem dois aspectos distintos: o primeiro deriva da política de segurança do período da ditadura militar, que considerou as áreas de baixa densidade populacional como áreas onde o Estado não estava presente de fato e necessitavam ser ocupadas para afirmar a soberania nacional; o segundo deriva de uma visão "ingênua", que ignora que o termo tem conotação ideológica e que o vazio não existe de fato.

A ação do movimento ambientalista foi muito importante no período ditatorial, pois representava um canal de oposição ao governo, despido da "camisa vermelha", marca dos movimentos sociais de esquerda. O movimento reuniu, numa primeira fase, grupos muito distintos e, como contava com importante participação da classe dominante urbana, encontrava respaldo da mídia. Na década de 1970, era difícil para a sociedade civil se contrapor a políticas governamentais, e uma estratégia para influir nas decisões era engajar-se em algumas das ações do governo para barrar outras indesejadas.

Foi nesse contexto que a criação de muitos parques teve o apoio de segmentos mais progressistas da sociedade. Hoje, segundo alguns analistas da história do ambientalismo no Brasil, o movimento ambientalista brasileiro segue várias correntes, compostas de setores conservadores (ecocapitalistas), ecologistas realistas, ecossocialistas e ecologistas fundamentalistas.

### Correntes do movimento ambientalista no Brasil

*Ecocapitalismo* — Também chamado ecologia liberal ou capitalismo verde, admite o (pre)domínio da grande empresa. Essa corrente defende os interesses empresariais como aplicadores de recursos na conservação, sendo o Estado apenas um guardião dos princípios ecológicos.

*Realismo* — É a corrente que acredita na mudança de mentalidades, por meio de movimentos sociais de princípios ecológicos. É flexível na interação com a sociedade global e baseia-se na pequena propriedade privada ou na cooperativa, com um Estado democrático administrado e organizado localmente.

*Ecossocialismo* — Nesta corrente, não há possibilidade de ecologização do capitalismo ou do socialismo real. Ela prega que, ao se construir um sistema socioeconômico autogestionário, também a questão ecológica estaria sendo solucionada.

*Fundamentalismo* — É o seguimento radical da ecologia, pois não vê possibilidade de mudar a sociedade, considerada predatória. O futuro se concebe como uma vida alternativa, radicalmente diferente da atual, rompendo com o consumismo capitalista.

Os ecocapitalistas são considerados dominantes, principalmente depois que conquistaram o apoio de parcelas significativas das classes mais abastadas e da classe média urbana, que se associou à tecnoburocracia ambiental dos governos federal e estaduais. Muitas ONGs que ocupam essa posição têm assento garantido nas principais decisões relativas à política ambiental. É o caso de megaentidades, como a SOS Mata Atlântica e a Fundação para Conservação da Natureza (Funatura). O setor dominante no ambientalismo brasileiro é essencialmente urbano e elitista. Para ele só dois tipos de população local (seja qual for a sua origem) podem ser levados em consideração:

- *Povos indígenas e algumas comunidades tradicionais* (aquelas que possuem características que possam ser consideradas exóticas). Nesses casos, os moradores são vistos de forma extremamente estereotipada: num dos extremos tem-se a imagem do "bom selvagem", e mudanças de comportamento, principalmente a incorporação de hábitos e de necessidades da sociedade majoritária, são consideradas pelos ecocapitalistas uma corrupção das tradições que deve ser combatida; no outro extremo, cultiva-se um enorme preconceito contra esses grupos sociais, geralmente representados por pobres que estão à margem do modelo de desenvolvimento dominante.
- *Pequenos agricultores e posseiros.* Geralmente são catalogados como incultos e depredadores, alvo fácil para a manipulação de especuladores e oportunistas. Assim, segundo os ecocapitalistas, devem deixar a UC ou ser transformados em guarda-parques, monitores do ecoturismo e braçais para manutenção da unidade de conservação, entre outras atividades. Nesse cenário, existe uma série de conflitos que se tornaram habituais entre as instituições públicas responsáveis pelas unidades de conservação e os proprietários e/ou especuladores. Esses conflitos já ultrapassaram uma década sem que o Estado propusesse soluções dignas ou, ao menos, razoáveis. Há tempos que seminários e encontros são realizados sem a presença da população que habita as UCs. Ocorreram, no entanto, avanços significativos do ponto de vista da organização dos moradores de UCs, e mesmo uma nova divisão dos grupos no interior do movimento ambientalista, com um mapeamento claro das entidades conservadoras, fundamentalistas e ecossocialistas.

## ■ Um pouco de história

A criação de áreas protegidas no Brasil é uma política pública relativamente recente. A primeira área reservada do país, o Parque Nacional de Itatiaia, localizado no Estado do Rio de Janeiro, só foi estabelecida em 1937, durante o governo Vargas. Em 1939, foram instituídos mais dois parques nacionais, Iguaçu (PR) e serra dos Órgãos (RJ), seguindo o mesmo critério do primeiro: proteção e domínio público sobre paisagens excepcionais voltadas para visitação por pessoas de fora da região.

A política de criação de áreas protegidas representou um considerável retrocesso em relação às observações pioneiras dos viajantes naturalistas, que descreviam há mais de um século o diversificado mosaico de fisionomias e formações que existem no território brasileiro.

Os estudos da biodiversidade das áreas protegidas, a regularização fundiária, a realocação das populações interiorizadas e os planos de manejo só foram feitos várias décadas mais tarde. Interessava ao governo a criação de parques, para dar ao Brasil uma imagem de país conservacionista e, principalmente, para atender às pressões internacionais do pós-Estocolmo 72*. A regulamentação desses parques, contudo, era outra história. Em 1978, os parques nacionais e as reservas biológicas totalizavam aproximadamente 2 500 000 hectares, sendo que somente 37% dessa área havia sido regularizada; das 24 UCs, apenas três dispunham de plano de manejo concluído. Entre 1978 e 1982, houve um crescimento de 389,34% da área protegida, enquanto as áreas sem regularização diminuíram proporcionalmente de 63% para apenas 4,21% do total. Essa melhoria na situação fundiária dos parques e reservas foi, entretanto, apenas aparente, uma vez que as novas áreas decretadas protegidas abrangiam áreas muito grandes de terras consideradas devolutas pelo governo federal, portanto, já eram consideradas regularizadas no nascedouro. Como não foram feitos levantamentos de campo, invariavelmente essas áreas englobaram terras ocupadas por grupos indígenas, populações ribeirinhas, posseiros e até mesmo vilarejos inteiros.

A criação de grandes UCs abrangendo áreas devolutas proporcionou um significativo aumento desse tipo de reserva. Sob o argumento de que se tratavam de terras do governo e que, em tese, essas terras estariam desocupadas, pouca atenção se deu (e se dá) às populações interiorizadas. Uma vez criada a UC, essas populações são tratadas como invasoras e depredadoras indesejáveis. Dos 35 parques nacionais brasileiros, apenas dezoito estão abertos à visitação, mas o acesso é difícil, pois há a necessidade de se cumprir uma trajetória burocrática que tornam os parques praticamente fechados. Entretanto, uma nova tendência indica o crescimento da exploração do ecoturismo nessas áreas. Isso pode ser observado por meio do anúncio feito pelo Instituto Brasileiro do Meio Ambiente e dos Recursos Naturais Renováveis (Ibama), que pretende abrir licitação para iniciativas desse tipo. Recentemente foram implantados os planos de gestão participativa, nos quais a população participa da discussão das diretrizes dos futuros planos de manejo. Mas há forte tendência governamental em incentivar, através desses planos, o uso turístico dos parques, não superando o dilema que envolve os moradores desses parques.

A fiscalização das UCs é precária. Dos cerca de 7 mil funcionários do Ibama, apenas 450 atuam na fiscalização dos parques nacionais, o que representa cerca de 21 500 hectares por guarda-parque. Na prática isso significa áreas extremamente vigiadas, enquanto outras estão completamente abandonadas.

No Brasil, uma boa caracterização da política ambiental em seus aspectos institucional e científico não pode ser feita sem uma adequada abordagem dos problemas ecológicos e sociais. Há necessidade de aprimoramento da legislação, assim como de empreender um esforço de caracterização das estratégias conservacionistas adotadas no país.

---

* Para maiores informações a esse respeito, ver o livro de Roberto Giansanti, *O desafio do desenvolvimento sustentável*, desta mesma coleção.

# As unidades de conservação e as florestas tropicais

Fugiria um pouco ao propósito deste livro dar uma explicação detalhada sobre os tipos de UCs e seus objetivos, mas não poderíamos deixar de incluir pelo menos um breve resumo sobre aquelas que foram implantadas para proteger as florestas tropicais. Existem no Brasil muitas categorias de unidades de conservação, que podem ser divididas em dois grandes grupos, como veremos a seguir.

## Unidades de conservação mais restritivas

São as áreas destinadas a conservação da biodiversidade, pesquisa científica, educação ambiental e recreação. Pela lei, a exploração dos recursos naturais nessas áreas é totalmente vedada, e as terras aí compreendidas devem ser de domínio público.

Esse é um dos maiores problemas dessas unidades, pois a maioria possui populações residentes e, em muitos casos, populações tradicionais. São áreas -particulares ou não (no caso dos posseiros), que vivem conflitos entre o que prega a lei e os direitos de seus moradores. São elas:

*Estações ecológicas (ESEC)*

São áreas de grande representatividade dos ecossistemas brasileiros, destinadas à realização de pesquisas básicas e aplicadas em ecologia, à proteção do ambiente e ao desenvolvimento da educação conservacionista. A visitação pública para fins recreativos não é admitida, permitindo-se, no entanto, de acordo com o regulamento específico, visitas com objetivo educacional.

São proibidos numa estação ecológica:

- a presença de rebanho de animais domésticos de propriedade particular;
- a exploração de recursos naturais;
- o porte e o uso de armas de qualquer tipo;
- o porte e o uso de instrumentos de corte de árvores;
- o porte e o uso de redes de apanha de animais e de outros artefatos de captura.

Essas restrições, sem dúvida, são problemas para as populações que já viviam nessas áreas antes de elas serem transformadas em UCs, como, por exemplo, os índios rıkbatsa, cujas terras abrangem boa parte da Estação Ecológica de Iquê, no Estado do Mato Grosso, ou dos índios e pescadores artesanais da Estação Ecológica de Guaraqueçaba, no Estado do Paraná, que sobrevivem da caça e da pesca.

| Estações ecológicas ||
|---|---|
| Domínio das matas Atlânticas | Domínio das florestas Amazônicas |
| Aiuaba (CE) | Anavilhanas (AM) |
| ESEC Aracuri — Esmeralda (RS) | Iquê (MT) |
| Babitonga (SC) | Jari (PA) |
| Carijós (SC) | Juami — Japurá (AM) |
| Foz do São Francisco (AL) | Mamirauá (AM) |
| Guaraqueçaba (PR) | Rio Acre (AC) |
| Itabaiana (SE) | Cuniã (RO) |
| Panga (MG) | Iquê (MT) |
| Pau-Brasil (BA) | |
| Piraí (RJ) | |
| Piratininga (MG) | |
| Raso da Catarina (BA) | |
| Tapacurá (PE) | |
| Taim (SC) | |
| Tupinambás (ES) | |
| Tupinambás (SP) | |
| Tupiniquins (SP) | |
| Seridó (RN) | |

*Reservas biológicas (Rebio)*

São áreas de proteção criadas para a conservação integral da fauna e da flora, sendo proibida qualquer forma de exploração dos seus recursos naturais. A visitação só é permitida para fins educativos e científicos, com autorização do Ibama.

| Reservas biológicas | |
|---|---|
| Domínio das matas Atlânticas | Domínio das florestas Amazônicas |
| Atol das Rocas (RN) | Abufari (AM) |
| Augusto Ruschi (ES) | Campina (AM) |
| Comboios (ES) | Guaporé (RO) |
| Córrego do Veado (ES) | Gurupi (MA) |
| Córrego Grande (ES) | Jaru (RO) |
| Guaribas (PB) | Morro dos Seis Lagos (AM) |
| Marinha do Arvoredo (SC) | Parazinho (AP) |
| Pedra Talhada (PB) | Rio Trombetas (PA) |
| Pedra Talhada (AL) | Tapirapé (PA) |
| Poço das Antas (RJ) | Uatumã (AM) |
| Saltinho (PB) | |
| Santa Isabel (SE) | |
| Serra Negra (PB) | |
| Sooretama (ES) | |
| Tinguá (RJ) | |
| Una (BA) | |

*Reservas ecológicas (Resec)*

São áreas públicas ou particulares, criadas pelo Conselho Nacional do Meio Ambiente (Conama), órgão vinculado ao Ibama. Esse conselho tem por finalidade estabelecer normas e critérios de uso dessas reservas.

| Reservas ecológicas | |
|---|---|
| Domínio das matas Atlânticas | Domínio das florestas Amazônicas |
| Carijós (SC) | Estadual Serra do Lageado (TO) |
| Escola de Agricultura de Araquari (SC) | Ouro Preto do Oeste (RO) |
| Ilha dos Lobos (RS) | Juami-Japurá (AM) |
| Panga (MG) | Jutaí-Solimões (AM) |
| Raso da Catarina (BA) | Sauim-Castanheiras (AM) |

*Parques nacionais (Parna)*

O Brasil possui 35 parques nacionais criados com a finalidade de preservar atributos excepcionais da natureza, conciliando a proteção da flora e fauna e as belezas naturais, com a utilização desses parques para fins exclusivamente educacionais, recreativos e científicos. Nos parques nacionais é proibida qualquer forma de exploração econômica dos recursos naturais. Os problemas fundiários e sociais dos parques são os mesmos das estações ecológicas.

| Parques nacionais | |
|---|---|
| Domínio das matas Atlânticas | Domínio das florestas Amazônicas |
| Aparados da Serra (RS/SC) | Amazônia (AM/PA) |
| Caparaó (MG/ES) | Araguaia (TO) |
| Cavernas do Peruaçu | Cabo Orange (AP) |
| Chapada Diamantina (BA) | Jaú (AM) |
| Grande Sertão Veredas (BA) | Monte Roraima (RR) |
| Iguaçu (PR) | Pacaás Novos (RO) |
| Itatiaia (RJ) | Pico da Neblina (AM) |
| Lagoa do Peixe (RS) | Serra do Divisor (AC) |
| Monte Pascoal (BA) | |
| São Joaquim (SC) | |
| Serra da Bocaina (RJ/SP) | |
| Serra da Canastra (MG) | |
| Serra do Cipó (MG) | |
| Serra Geral (RS) | |
| Serra dos Órgãos (RJ) | |
| Superagui (PR) | |
| Tijuca (RJ) | |
| Ubajara (CE) | |

*Área de relevante interesse ecológico (ARIE)*

As ARIEs abrigam características naturais extraordinárias ou exemplares raros da biota nacional, que exijam cuidados especiais de proteção por parte do poder público. Possuem menos de 5 mil

## Unidades de conservação

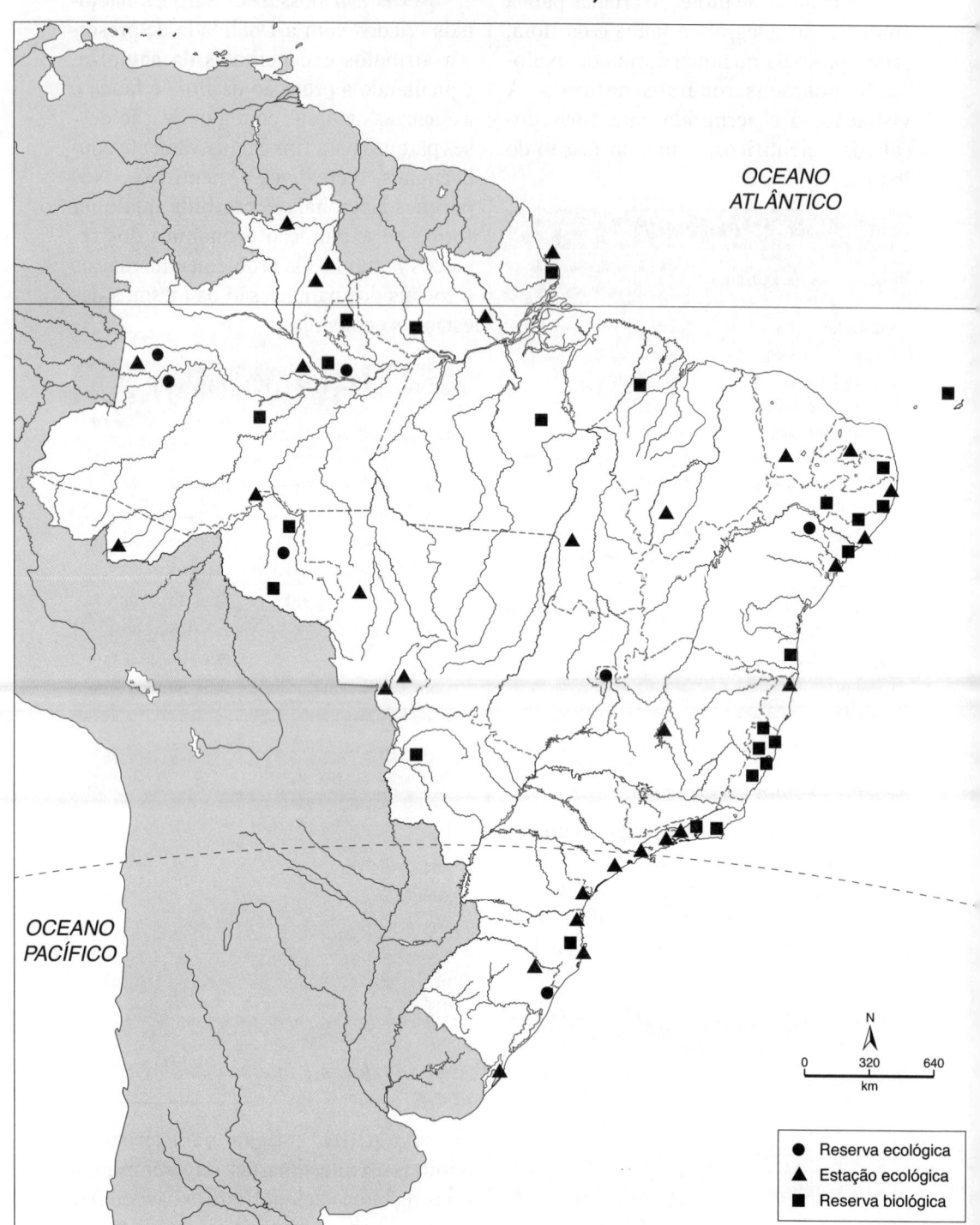

- ● Reserva ecológica
- ▲ Estação ecológica
- ■ Reserva biológica

*Adaptado de: Unidades de conservação federais do Brasil.* IBGE, 1994.

hectares e podem estar ocupadas por populações, quando da sua criação. As ARIEs da mata Atlântica têm sua utilização regulada por normas e critérios estabelecidos pelo Conama.

### Áreas de relevante interesse ecológico

| Domínio das matas Atlânticas | Domínio das florestas Amazônicas |
|---|---|
| Arquipélago Ilhas Cagarras (RJ) | Javari-Buriti (AM) |
| Buriti de Vassununga (SP) | Projeto Dinâmica Biológica de Fragmentos Florestais (AM) |
| Cerrado Pé de Gigante (SP) | |
| Cocorobó (BA) | |
| Floresta Cicuta (RJ) | |
| Ilha do Ameixal (SP) | |
| Ilha Queimada Pequena e Grande (SP) | |
| Ilhas do Pinheiro e Pinheirinho (PR) | |
| Matão de Cosmópolis (SP) | |
| Mata de Santa Genebra (SP) | |
| Manancial da foz do rio Mamanguape (PB) | |

*Reserva particular do patrimônio nacional (RPPN)*

É um programa criado para estimular a criação de áreas de conservação particulares, onde existam paisagens de grande beleza, que sejam significativas para a proteção da diversidade ou que reúnam condições que justifiquem ações de recuperação ambiental. Não existe um tamanho limite para as RPPN. O reconhecimento e registro dessas áreas como RPPN não acarretam, aos seus proprietários, prejuízo do direito de propriedade; ao contrário, asseguram-lhes o mesmo apoio e proteção dispensados, pelas autoridades públicas, às unidades de preservação permanentes. Existe uma legislação específica para elas e os proprietários têm como incentivo a isenção de impostos.

### Reservas particulares do patrimônio nacional no domínio das matas Atlânticas

Alto da Boa Vista (MG)
Caraguatá (SC)
Ceflusme (RJ)
Clube Itororó (MG)
Engenho Grajaú (PB)
Fazenda Alegrete (PR)
Fazenda Almas (PB)
Fazenda Arco-Íris (RJ)
Fazenda Barra Mansa (PR)
Fazenda Bom Retiro (RJ)
Fazenda Caetano-Lugar Santo (MG)
Fazenda Caetano (MG)
Fazenda Castro (SE)
Fazenda Catingueiro 1 (MG)
Fazenda Catingueiro 2 (MG)
Fazenda Coqueiros (BA)
Fazenda Córrego da Luz (RJ)
Fazenda Havaí (BA)
Fazenda Itacira (BA)
Fazenda João Pereira-Poço Fundo (MG)
Fazenda Kaybi (BA)
Fazenda Lageado (MG)
Fazenda Macedônia (MG)
Fazenda Morrinhos (BA)
Fazenda Olho d'Água do Uruçu (CE)
Fazenda Pacatuba (PB)
Fazenda Pé de Serra (BA)
Fazenda Pedra Bonita (MG)
Fazenda Prainhas (BA)
Fazenda Roca Grande (RJ)
Fazenda Rodeio Bonito (RS)
Fazenda Rosa do Sol (AL)
Mercês Sabiaguaba e Nazário (CE)
Monlevade (MG)
Fazenda Salobro (RN)
Fazenda Salto Morato (Fundação Boticário) (PR)
Fazenda Samoinho (MG)
Fazenda Sapiranga (BA)
Fazenda São Pedro (AL)
Santa Clara (PB)
Sítio Angaba e Sítio Poranga (RJ)
Sítio Ameixas-Poço Velho (CE)
Sítio Grimpas (MG)
Sítio São Domingos/Agartha (MG)
Palmital (SC)
Parque Ecológico Artex (SC)
Pedra dos Amarílis (RJ)
Pedra Talhada (AL)
Reserva Bugerkopf (SC)
Reserva Particular Schuster (RS)
Vereda Grande (MG)
Unidade de Conservação de Galheiros (MG)
Vera Cruz (AL)

# Unidades de conservação menos restritivas

São as áreas destinadas à conservação da biodiversidade, onde é permitida a utilização dos recursos de forma sustentável, estabelecendo-se modelos de desenvolvimento e constituindo-se em unidades normativas. São elas:

*Florestas nacionais (Flona)*

| Florestas nacionais | |
|---|---|
| **Domínio das matas Atlânticas** | **Domínio das florestas Amazônicas** |
| Açungui (PR) | Amapá (AP) |
| Araripe (CE) | Amazonas (AM) |
| Caçador (SC) | Tapajós (PA) |
| Canela (RS) | Bom Futuro (RO) |
| Capão Bonito (SP) | Caxiuanã (PA) |
| Chapecó (SC) | Cubaté (AM) |
| Ibirama (SC) | Cuiari (AM) |
| Ipanema (SP) | Içana (AM) |
| Irati (PR) | Içanã-Aiari (AM) |
| Irienópolis (SC) | Jamari (RO) |
| Jaíba (MG) | Macauã (AC) |
| Mário Xavier (RJ) | Mapiá-Inauini (AM) |
| Passa Quatro (MG) | Pari Cachoeira 1 (AM) |
| Passo Fundo (RS) | Pari Cachoeira 2 (AM) |
| Rio Preto (ES) | Piraiauara (AM) |
| Três Barras (SC) | Purus (AM) |
| São Francisco de Paulo (RS) | Roraima (RR) |
| | Xingu (PA) |
| | Itacauínas (PA) |
| | Humaitá (AM) |
| | Tapirape-Aquiri (PA) |
| | Taracuá 1 (AM) |
| | Taracuá 2 (AM) |
| | Tefé (AM) |
| | Urucu (AM) |
| | Xié (AM) |
| | Saracá-Taquera (PA) |
| | Itaituba 1 (PA) |
| | Itaituba 2 (PA) |
| | Altamira (PA) |
| | Carajás (PA) |
| | Adolfo Ducke (AM) |
| | Egler (AM) |
| | Rio Negro (AM) |
| | Panima (RR) |
| | Gorotire (PA) |
| | Munducurucâmia (PA) |
| | Tumucumaque (PA) |
| | Juruena (MT) |

São áreas de domínio público, providas de cobertura vegetal nativa ou plantada, estabelecidas com o objetivo de promover o manejo dos recursos naturais — com ênfase na produção de madeira e outros produtos vegetais —, garantir a proteção dos recursos hídricos, das belezas naturais e dos sítios históricos e arqueológicos e fomentar o desenvolvimento da pesquisa científica básica e aplicada, da educação ambiental e das atividades de recreação, lazer e turismo.

*Áreas de proteção ambiental (APAs)*

Em geral são áreas extensas, públicas ou privadas, que têm como objetivo disciplinar o processo de ocupação das terras e promover a proteção dos recursos biogeofísicos. Nas áreas de proteção ambiental, a atividade humana pode e deve existir, desde que orientada e regulada de forma a evitar a degradação ambiental e permitir o uso racional e sustentado do patrimônio natural. Muitas APAs foram criadas envolvendo par-

| Áreas de proteção ambiental federais | |
|---|---|
| **Domínio das matas Atlânticas** | **Domínio das florestas Amazônicas** |
| Anhatomirim (SC) | Igarapé Gelado (PA) |
| Bacia do rio Paraíba do Sul (RJ/SP/MG) | Serra de Tabatinga (TO/MA) |
| Barra do rio Mamanguape (PB) | |
| Cairuçu (RJ) | |
| Cananeia-Iguape-Peruíbe | |
| Carste de Lagoa Santa (MG) | |
| Cavernas do Peruaçu (MG) | |
| Faixa Portuária Ambiental de Itaipu (PR) | |
| Guapimirim (RJ) | |
| Guaraqueçaba (PR) | |
| Ibirapuia (RS) | |
| Morro da Pedreira (MG) | |
| Passauna (PR) | |
| Petrópolis (RJ) | |
| Piacabuçu (AL) | |
| Serra da Esperança (SP) | |
| Serra da Mantiqueira (RJ/SP/MG) | |
| Morro da Pedreira (MG) | |

ques, estações ecológicas, entre outras, para assim garantir a conservação do entorno das UCs.

*Reservas extrativistas (Resex)*

Dentro das políticas públicas de conservação florestal, as reservas extrativistas merecem destaque. O extrativismo praticado tradicionalmente pelos povos indígenas, seringueiros, castanheiros e outros habitantes das florestas Amazônicas, que vivem daquilo que a natureza lhes oferece, é um exemplo de como aproveitar as riquezas da Amazônia, sem esgotá-las e sem tornar inevitável a sua destruição. A ideia nasceu de um movimento popular dos seringueiros pelo reconhecimento de suas terras. Foi uma luta árdua, em que o principal protagonista foi Chico Mendes, um seringueiro que marcou a história promovendo os *empates*, nome dado à forma como famílias inteiras organizavam manifestações para bloquear a invasão de madeireiros, ou a ampliação de pastagens dentro dos seringais.

O projeto de criação de reservas extrativistas constitui uma oportunidade para acabar com o desmatamento, resolver problemas sociais e, ao mesmo tempo, visando o lucro, viabilizar a exploração de produtos da floresta, de grande interesse para os mercados nacional e internacional. As perspectivas de aproveitamento da borracha natural, por exemplo, tendem a aumentar num futuro próximo.

*Reservas extrativistas* são espaços territoriais destinados à exploração autossustentável e à conservação dos recursos naturais renováveis por populações extrativistas. Nessas áreas, é possível materializar o desenvolvimento sustentável, equilibrando interesses ecológicos de conservação ambiental com interesses sociais de melhoria de vida das populações tradicionais.

A ideia de criar essa modalidade de área protegida vem se expandindo e já é aplicada fora da Amazônia, como forma de garantir a viabilidade, por exemplo, da pesca artesanal e o modo de vida na região.

| Reservas extrativistas | |
|---|---|
| Domínio das matas Atlânticas | Domínio das florestas Amazônicas |
| Arraial do Cabo (RJ) Pirajubaé (SC) | Chico Mendes (AC) Rio Cajari (AP) Alto Juruá (AC) Rio Ouro Preto (RO) Quilombo do Flexal (MA) Ciríaco (MA) Extremo Norte do Estado de Tocantins (TO) Mata Grande (MA) |

# Projeto Corredores Ecológicos

Muitos pesquisadores sugerem que, para a sobrevivência dos ecossistemas em larga escala, seria necessária a criação de novas UCs, com áreas muito maiores do que as existentes, ou a criação de um sistema de planejamento regional. O projeto Corredores Ecológicos das Florestas Tropicais Brasileiras pretende tornar as áreas protegidas menos isoladas, por meio de uma legislação própria para os espaços que interligam as UCs. Assim, dizem os pesquisadores, seria possível restaurar intercâmbios genéticos entre ecossistemas tanto da mata Atlântica como da Amazônia. Os corredores são uma espécie de reforço para as UCs, mas implantá-los envolverá um novo desafio: a participação democrática das comunidades locais, objetivando promover o desenvolvimento sustentável.

Estão propostos sete corredores prioritários: cinco na Amazônia e dois na mata Atlântica. Segundo o Ibama, esses corredores representam 25% das florestas tropicais úmidas e devem ser capazes de preservar a área de vida de cerca de 75% das espécies de animais e plantas neles existentes. Os sete corredores prioritários são:

*Corredor centro-amazônico*

Inclui grandes extensões de florestas inundadas e de terra firme das bacias dos rios Negro e Solimões. As florestas inundadas desse corredor têm alta biodiversidade e muitos endemismos. Inclui as estações ecológicas de Mamirauá e de Anavilhanas, a floresta nacional de Tefé, o parque nacional do Jaú e outras nove UCs, além de catorze áreas indígenas.

*Corredor norte-amazônico*

Localiza-se na fronteira entre Brasil, Colômbia e Venezuela. Nesse corredor, é possível encontrar montanhas e ecossistemas de altitude ainda praticamente intocados. Inclui o parque nacional do pico da Neblina, a floresta nacional de Roraima, o parque estadual do Caraça, outras dezessete UCs e vinte áreas indígenas.

*Corredor oeste-amazônico*

Considerado pelos ecologistas um dos corredores mais ricos em fauna e animais da Amazônia, esse corredor inclui o parque nacional da serra do Divisor, a reserva extrativista Chico Mendes, a reserva extrativista do rio Preto-Jacundá, trinta outras UCs e trinta áreas indígenas.

*Corredor sul-amazônico*

Considerado pelos ecologistas um dos corredores fundamentais para a proteção da fauna e da flora, localiza-se entre os rios da margem direita (sul) do rio Amazonas: Tapajós, Madeira, Xingu e Tocantins. Inclui áreas nos Estados do Amazonas, Pará e Maranhão, abrigando a floresta nacional de Tapajós, o parque nacional da Amazônia, a reserva biológica de Gurupi, três outras UCs e vinte áreas indígenas.

*Corredor do ecótono sul-amazônico (Amazônia-Cerrado)*

Localiza-se em áreas de transição entre a Amazônia e os cerrados. São áreas marcadas pelo avanço agropecuário. Inclui o parque nacional do Araguaia, no Estado de Tocantins, e dezessete áreas indígenas nos Estados do Amazonas, Mato Grosso e Tocantins.

*Corredor central da mata Atlântica*

Abrange áreas de alta diversidade tropical, localizadas nos Estados do Espírito Santo e de Minas Gerais e na costa sul da Bahia. Inclui as reservas biológicas de Sooretama e do Una, a reserva florestal de Linhares, os parques nacionais Monte Pascoal e do Caparaó, outras UCs e áreas indígenas, que formam a maior concentração de fragmentos florestais na região.

*Corredor sul da mata Atlântica ou corredor da serra do Mar*

Representa a maior extensão contínua de mata Atlântica. Inclui 27 UCs, como as APAs da serra do Mar, em São Paulo, da serra da Mantiqueira, em Minas Gerais, de Guaraqueçaba, no Paraná, os parques nacionais da serra da Bocaina, no Rio de Janeiro, e o de Itatiaia, no Rio de Janeiro.

## A mata Atlântica como reserva de biosfera

De todas as categorias de áreas protegidas adotadas na legislação brasileira, a reserva de biosfera é a única que não tem reconhecimento pleno pelo governo brasileiro. Isso porque a reserva de biosfera é uma espécie de unidade de conservação internacional declarada pela Unesco e sobre a qual os países, de certo modo, perdem sua soberania nacional. Quer dizer, sua importância passa a ser mundial e não apenas nacional. Além disso seria necessário mudar a Constituição Federal, Art. 1º, Inciso I, que diz:

*A República Federativa do Brasil, formada pela união indissolúvel dos Estados e Municípios e do Distrito Federal, constitui-se em Estado Democrático de Direito e tem como fundamentos:*

*I — a soberania; [...]*

### Reserva de biosfera da mata Atlântica

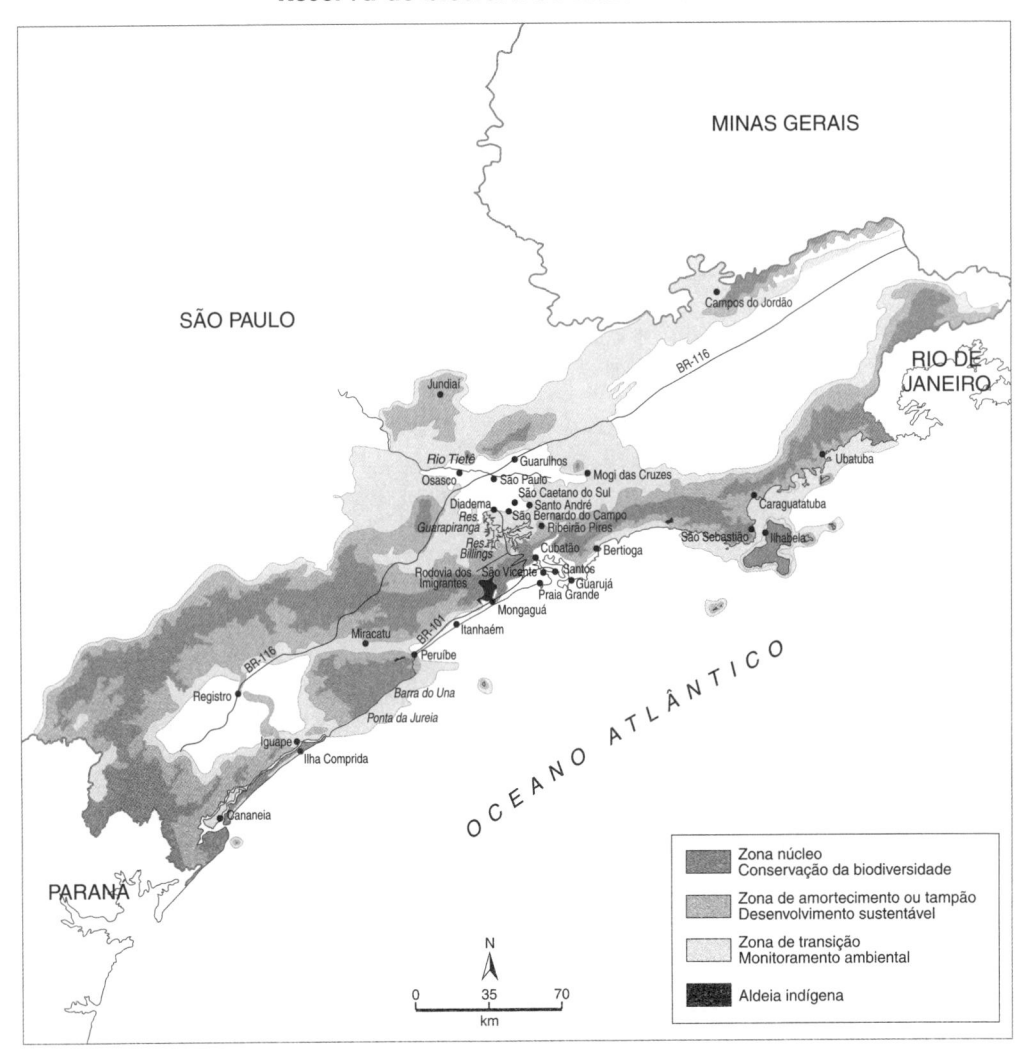

*Fonte: Atlas das unidades de conservação ambiental do Estado de São Paulo.* Parte 1 — Litoral.

# Áreas indígenas

Um dos aspectos importantes da Legislação Ambiental brasileira é reconhecer que as áreas indígenas colaboram com a conservação ambiental. No entanto, elas não são consideradas áreas protegidas e gerenciadas pelo Ibama, o que lhes dá *status* diferente e autonomia garantida pela Constituição Federal, e isso frequentemente acaba facilitando a ocorrência de problemas relacionados ao meio ambiente.

**Áreas indígenas nas florestas Amazônicas e matas Atlânticas**

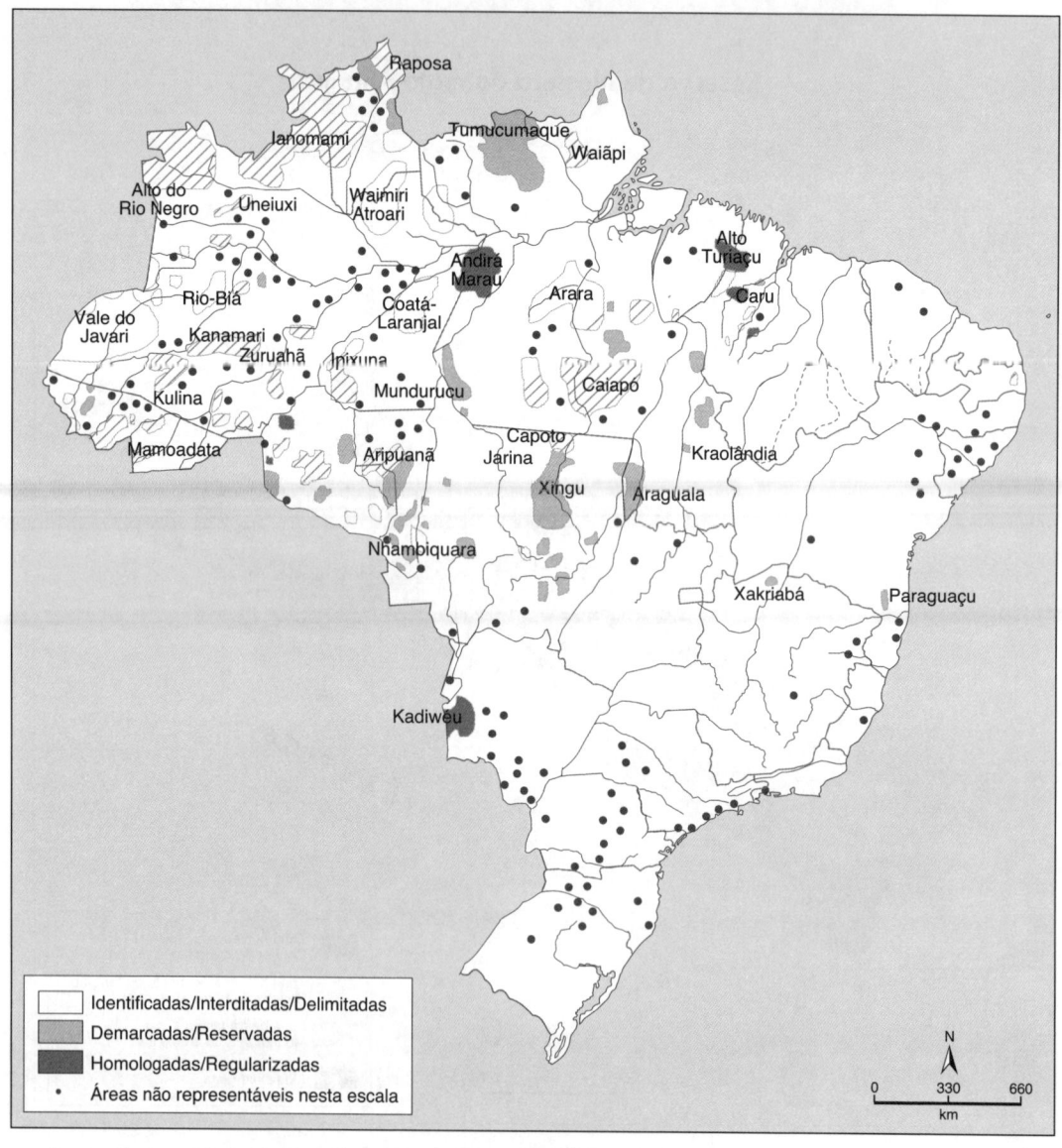

*Fonte:* SIMIELLI, Maria E. *Geoatlas.* 17ª. ed. São Paulo: Ática, 1995.

# Capítulo 12

# Recuperação e manejo das florestas tropicais: estratégias e princípios

Existem, no Brasil, várias iniciativas de recuperação florestal em áreas degradadas. Depois da grande onda preservacionista da década de 1980, a de 1990 parece ter sido marcada pela busca de alternativas de recuperação. Além dos objetivos ecológicos, a recuperação de florestas também tem a finalidade de buscar alternativas para aliviar as pressões humanas sobre os remanescentes florestais do país.

As florestas tropicais podem se recuperar naturalmente. Esse processo, chamado de sucessão natural, se dá por etapas. Quando a floresta é retirada, seu microclima original desaparece. Com o desmatamento, a luz solar penetra diretamente no interior da floresta, secando o solo e o ar, as temperaturas passam a variar acentuadamente entre o dia e a noite. Existem certas espécies, chamadas de pioneiras, que possuem crescimento rápido e vida curta e estão adaptadas para tirar proveito dessa situação. A maior parte dessas plantas morre antes de completar quinze anos. Outras pioneiras vivem mais tempo, algumas até mais de um século. Essas plantas fixam grandes quantidades de nitrogênio no solo, desempenhando importantíssimo papel na recuperação de sua reserva de nutrientes e criando, assim, condições para o retorno de espécies originais da fase madura da floresta. As fases de sucessão têm duração que varia, conforme o tipo de floresta, a intensidade da degradação sofrida e, principalmente, o tipo de pioneiras que se instalam na área desmatada. Segundo alguns autores, na mata Atlântica, a fase de plantas secundárias antes do desenvolvimento das espécies da idade madura pode durar até duzentos anos.

Mas diversos fatores podem impedir que ocorra a sucessão natural. Por exemplo: se toda a vegetação de uma área for eliminada por meio de tratores, os solos poderão se tornar irreversivelmente empobrecidos, e uma área antes coberta por uma floresta exuberante dará lugar apenas a uma vegetação herbácea ou a arbustos secos. As mudanças climáticas também influem na sucessão. Se as plantas de uma floresta madura tiverem sido geradas em períodos de climas mais úmidos do que o atual, centenas de anos atrás, a sucessão não resultará numa floresta com as mesmas características da original, pois as condições climáticas consideradas ótimas já terão deixado de existir.

## O padrão de regeneração da floresta

Quando aparecem grandes vazios na floresta (como aqueles causados pela agricultura destrutiva, fogo, deslizamentos de terra, etc.), o microclima da floresta madura desaparece. O solo fica exposto à luz solar direta, o ar e o solo secam e as temperaturas variam muito do dia para a noite. Existem plantas que são adaptadas para tirar proveito dessa situação. São as pioneiras, que começam a reconstruir a floresta. Uma segunda fase das plantas que irão sucessivamente ocupando a clareira é formada por plantas que também gostam de sol. Essas árvores criam as condições para as plantas de sombra, que surgem em outra fase. O desmatamento com utilização de máquinas tem sérias consequências para os solos e pode comprometer o processo.

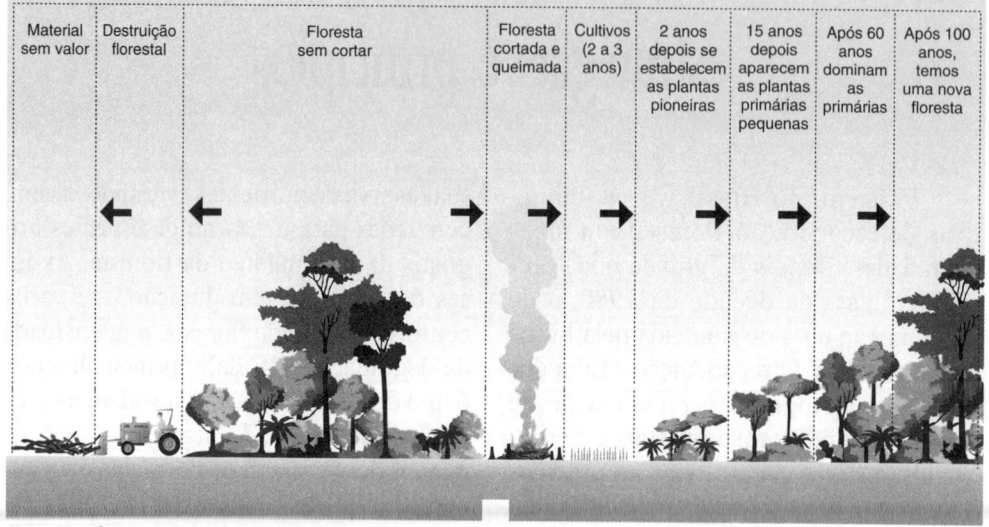

| Material sem valor | Destruição florestal | Floresta sem cortar | Floresta cortada e queimada | Cultivos (2 a 3 anos) | 2 anos depois se estabelecem as plantas pioneiras | 15 anos depois aparecem as plantas primárias pequenas | Após 60 anos dominam as primárias | Após 100 anos, temos uma nova floresta |

*Fonte: Atlas Gaia.* Unesco.

## ▮ Recuperação de pastagens degradadas na Amazônia

Alguns experimentos têm demonstrado que os ecossistemas amazônicos podem recuperar a sua estrutura florestal mesmo depois de drasticamente impactados pelo desmatamento, como no caso das pastagens. No entanto, quando há a exploração de solos de forma abusiva e por longos períodos de tempo, o reflorestamento torna-se mais difícil, sem que se possa afirmar com segurança que é possível recuperar a floresta. Até 1992, 10% das pastagens da Amazônia oriental já haviam atingido níveis abusivos de degradação. Esse número pode parecer baixo, mas se levarmos em conta as proporções da bacia Amazônica e o ritmo dos desmatamentos na região, as dificuldades de regeneração poderão se tornar mais significativas. Experiências realizadas para a recuperação florestal em pastagens degradadas têm obtido sucesso quanto ao desenvolvimento da estrutura da vegetação, mas os resultados dessas pesquisas ainda são modestos quando se trata da composição florística e do restabelecimento das comunidades ecológicas.

A ação do fogo é o maior problema a ser enfrentado na formação de pastagens. O esquema a seguir ilustra como o fogo é um dos fatores que podem fazer recuar os processos de restauração e mostra alguns caminhos possíveis de recuperação.

Para a implantação de projetos de recuperação de áreas com pastagens, os pesquisadores procuraram conhecer aspectos ecológicos da floresta, como o processo de dispersão das espécies florestais das áreas de entorno, as formas de predação de sementes, o desenvolvimento das plântulas, a competição entre espécies, os fatores climáticos locais e a sazonalidade da umidade. Por meio desses estudos, foram identificados problemas, como a dificuldade de dispersão de

## O manejo da floresta e a produção de madeira

Cada retângulo representa a ocupação da floresta em diferentes épocas
1960: Mata virgem ocupada pela abertura de roças
1975: Introdução da pastagem extensiva e da atividade madeireira
1990: Expansão do desmatamento para extração de madeira e degradação das pastagens
2000: Situação planejada com rotatividade da extração madeireira, pastagem manejada e árvores frutíferas
Situação sem planejamento

*Fonte:* UHL, C., NEPSTAD, D., SILVA, A. M. C. Restauração da floresta em pastagens degradadas. *Ciência Hoje — Eco-Brasil*, Rio de Janeiro, p. 140-9, 1992.

sementes por causa das condições ambientais estabelecidas pelas pastagens, a predação de sementes e das plântulas pela comunidade animal das pastagens, e o estresse hídrico, uma vez que os solos das pastagens têm pouca disponibilidade de água. Por outro lado, esses estudos têm levado a formas de superar tais dificuldades que, curiosamente, têm alcançado sucesso.

Algumas estratégias de restauração podem facilitar o estabelecimento de árvores em pastagens degradadas, dominadas por gramíneas. O esquema da página anterior mostra três fases de recuperação. Podemos observar as barreiras que dificultam a regeneração florestal, as condições que favorecem a regeneração, criadas pela colonização de plantas lenhosas, e a formação de "ilhas" de regeneração, para as quais são necessárias intervenções humanas que facilitem esse processo. É possível, por exemplo, transportar sementes para dentro das pastagens. Para superar os problemas de sobrevivência das sementes, podem-se introduzir plântulas ou estacas adultas, em vez de semeá-las. A sobrevivência de plântulas, no que diz respeito aos seus predadores, pode ser garantida por meio do combate às formigas saúvas (*Atta sexdens*). O problema da sazonalidade climática e das estações secas pode ser contornado utilizando-se espécies capazes de se enraizar profundamente no solo, para assim obter água do lençol freático. Estudos realizados em Paragominas (PA) apontam outras sugestões para o reflorestamento de pastagens degradadas. Por exemplo, em determinadas circunstâncias, as pastagens necessitam de corte e de queimada para favorecer o desenvolvimento das plantas introduzidas no processo de recuperação. Mas a queimada deve ser usada uma única vez, para preparar o sítio, pois queimadas adicionais podem matar as árvores jovens. As formigas, principalmente a saúva, foram um empecilho para o desenvolvimento das árvores em Paragominas, pois elas são um predador voraz de sementes e plântulas.

O uso de pequenos núcleos regenerativos, como forma de *ilhas* de regeneração arbórea, é outra estratégia de restauração utilizada.

## ▌Recomposição florestal e recuperação de áreas degradadas na mata Atlântica

Podemos citar como exemplo de estratégia de recuperação florestal disseminada no domínio das matas Atlânticas vários experimentos que vêm sendo desenvolvidos há mais de duas décadas em áreas da serra do Mar, onde houve deslizamentos de encostas. Um dos grupos pioneiros de trabalho sobre políticas para a recuperação de áreas degradadas da mata Atlântica, da Secretaria da Agricultura do Estado de São Paulo, em meados da década de 1980, concluiu, a partir de uma ampla avaliação, que:

- as informações disponíveis naquela ocasião para recompor a vegetação eram insuficientes para a proposição de medidas concretas e emergenciais visando a recuperação e o repovoamento de florestas na encosta da serra do Mar;
- uma das medidas urgentes seria um diagnóstico da situação ambiental, que pudesse identificar as áreas degradadas pela emissão de poluentes do complexo industrial de Cubatão, definindo o esta-

do da vegetação, da serapilheira (manto de folhas e animais mortos que recobre o solo da floresta), dos solos e da água;
- todas as iniciativas das universidades e dos órgãos de governo deveriam ser estimuladas, tendo em vista a urgência do problema e as consequências nefastas para a população local, caso os movimentos erosivos de grandes proporções viessem a ocorrer no período das chuvas, naquela região;
- como forma emergencial de conter os processos erosivos, seria necessária a introdução experimental de espécies exóticas, adaptáveis ao ambiente degradado.

Uma das primeiras propostas apresentadas pela equipe da Secretaria naquela época provocou inúmeras críticas de pesquisadores e ambientalistas. Ela consistia na implantação de projetos emergenciais com gramíneas (*Brachiaria*) para conter o escoamento superficial da água e preparar o solo para receber espécies florestais nativas. A proposta se baseava numa sequência de ações sintetizadas no esquema a seguir:

**Esquema demonstrativo da evolução dos trabalhos de recomposição da serra do Mar através do plantio de *Brachiaria***

A. Local com deslizamento vulgarmente denominado "ravina".
B. Presença de *Brachiaria* plantada através de semeadura a lanço em sulcos espaçados entre si.
C. Substituição gradativa da gramínea devido ao sombreamento provocado pelo crescimento das espécies nativas circunvizinhas.
D. Modelo esquemático do movimento harmonioso e gradativo da zona de transição entre as duas comunidades.

*Fonte:* Silva Fº, Nivaldo L. *Recomposição da cobertura vegetal de um trecho degradado da serra do Mar, Cubatão, SP.* Campinas: Fundação Cargill, 1988.

A partir de então, surgiu uma grande polêmica em torno da questão da recomposição e da recuperação ambiental. De um lado, colocavam-se pesquisadores que defendiam um estilo de recuperação por meio de plantas exóticas e nativas, e até mesmo de obras de engenharia para controlar o risco ambiental de acidentes de grandes proporções, como o que já havia ocorrido na serra do Mar, no município de Caraguatatuba, em 1978: um grande deslizamento de terra ocorrido durante o verão destruiu moradias, matando pessoas e gerando uma situação de calamidade pública. De outro lado, colocavam-se pesquisadores que achavam essas soluções paliativas, cujos resultados duvidosos não resolveriam o problema da recomposição florestal. Por isso, sugeriam que experimentos de reflorestamento fossem feitos, considerando aspectos ecológicos da floresta já conhecidos pela pesquisa acadêmica. O princípio dessa proposta era imitar a própria floresta, auxiliando-a nos seus processos sucessórios naturais. A recomposição neste caso deveria apoiar-se na flora nativa da serra do Mar e nos seus próprios mecanismos sucessórios. Ou seja, imitar a natureza naquilo que ela faz quando a floresta é derrubada por processos naturais, tal como ilustramos no esquema a seguir:

**Esquema demonstrativo dos trabalhos de recomposição da vegetação da serra do Mar através do plantio de espécies nativas**

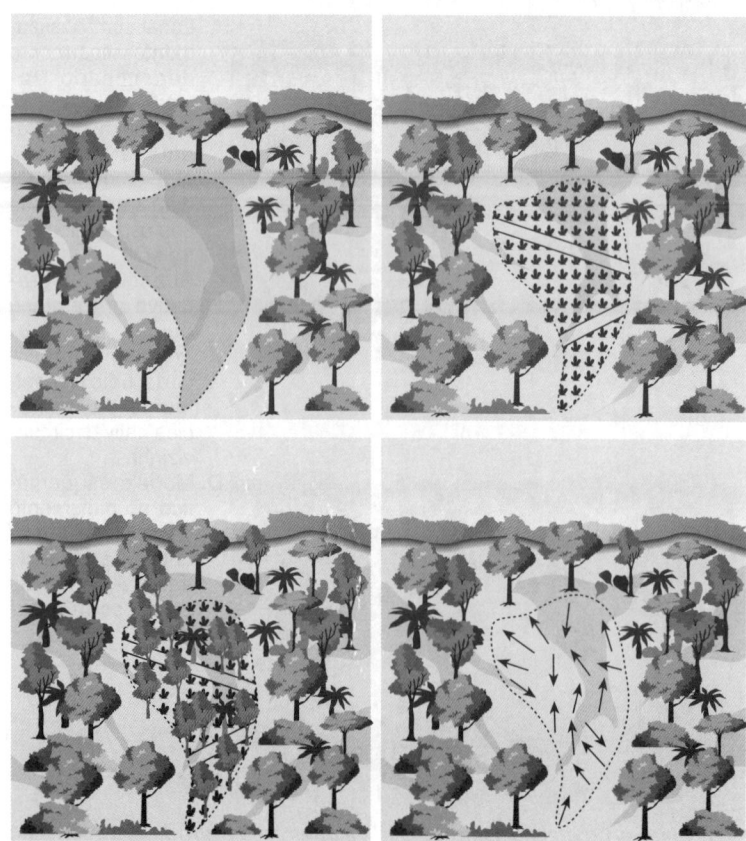

A. Local com deslizamento vulgarmente denominado "ravina".
B. Plantio de espécies nativas que circundam a "ravina". Em detalhe a instalação de canais de escoamento na superfície do terreno.
C. Presença espontânea de espécies arbustivas no interior da "ravina".
D. Modelo esquemático da forma caótica como ocorreu o processo de invasão de espécies pioneiras.

*Fonte:* SILVA Fº, Nivaldo L., op. cit.

O problema era que pouco se conhecia sobre esse processo, para tornar o caminho seguro. Além disso, a emissão dos gases tóxicos das indústrias, a principal causa da destruição florestal, era combatida com timidez e, portanto, de nada adiantava combater o resultado da degradação sem atacar as suas causas.

Data da década de 1980 o primeiro projeto nesse sentido. Nesse processo foi utilizada uma metodologia sofisticada de dispersão artificial de sementes, empregando-se espécies nativas, próprias da sucessão da mata Atlântica. Foram feitos estudos prévios para determinar quais espécies eram resistentes a ambientes degradados por poluição. As sementes dessas plantas foram preparadas em laboratório, num processo chamado de peletização. Simplificadamente, esse processo consiste na reunião de um *pool* de sementes em um gel protetor em forma de bolinhas (os peletes). A dispersão foi feita por helicóptero, que despejou sementes nas encostas de Cubatão. O processo em si foi válido, embora tenha recebido muitas críticas, por seu alto custo e pelo uso político que o governo fez da iniciativa. Outros pesquisadores, utilizando técnicas mais baratas, como o cultivo de plântulas em viveiros e o plantio manual de mudas, obtiveram resultados muito semelhantes.

Apesar de os experimentos iniciais terem surtido pouco efeito, contribuíram positivamente, multiplicando experiências em outras áreas e incentivando a pesquisa sobre procedimentos adequados de recuperação de áreas degradadas por poluição. Esses trabalhos deram o pontapé inicial para a realização de outros experimentos de recomposição florestal e de pesquisas sobre sucessão ecológica e fitossociologia na mata Atlântica.

# Capítulo 13

## Os povos da floresta e a exploração sustentável das florestas tropicais

**A fila indiana**

Uma fila estranha e desordenada atravessa a plantação de serra Morena e mergulha nas trevas da selva úmida. Sob trinta metros de vegetação, milhões de folhas dão incansavelmente nascimento a uma gotícula que tomba. Ouvimos a chuva, que já parou de cair há vários dias. É o orvalho mais gigantesco que se possa imaginar. A grande floresta parece estar transpirando.

Conosco, seis índios: Wilson, nosso intérprete gavião, e cinco cintas-largas. Seguimos o guia e o intérprete; os outros quatro fecham a marcha.

O primeiro quarto de hora é um galopezinho de ensaio, coisa só para se experimentar. A marcha era apressada, mas seguimos sem perder de vista o guia. Poderíamos mesmo ultrapassá-lo, pois nos sentimos em plena forma. O tempo ainda está um pouco fresco, mas o primeiro esforço nos aquece. De imediato, só temos uma preocupação: lembrar-nos de nossas outras expedições, da técnica para não tropeçarmos nos ramos, para evitarmos o cipó que corta o rosto, pular o tronco caído sem perder tempo, sem fazer esforços inúteis. Tempo de assentar de lado, levantar as pernas, dar uma volta, pôr os pés no chão olhando para baixo e, finalmente, levantar-se.

No fim do primeiro quarto de hora, paramos em uma clareira. Espetáculo fascinante! Uma árvore gigante desabou do alto de seus cinquenta metros. É tão grande que um homem poderia ficar de pé em seu interior. Uma nuvem de abelhas impede a entrada nesse túnel impressionante.

O motivo dessa parada não é evidentemente a necessidade de descanso. É cedo demais. É que os índios não estão gostando de carregar nossa bagagem nas costas. Arreiam-na, pois, e se aproximam, sem pressa, de uma árvore desnudada de ramos. Com uma machadada, cortam uma parte do casco fibroso. Com um segundo movimento, arrancam um pedaço de fibra de cinco metros de altura. Um outro índio escolheu uma árvore mais fina; um terceiro, folhas. Encontram o que querem, agem sem hesitação. Estão em casa. Não desperdiçam um gesto. Nada repetem.

Com a fibra mais grossa, o primeiro índio substitui as correias que *prendem a mochila onde se encontram os filmes e os acessórios do cinema. É o volume mais pesado. Confecciona uma correia bem grande para que lhe cinja a testa. A outra mochila, que contém a rede, o tripé, os talheres e panelas e a farmácia, é mais leve. Seu carregador modifica as correias. O índio que apanhou as folhas e as fibras mais finas faz um cesto para pôr na cabeça. O trabalho dura cinco minutos. Dentro dele coloca o saco contendo o gravador e os víveres. O quarto carregador leva a bolsa com a câmera principal. Pode se servir da correia, que não toca. O quinto é um rapazinho de treze ou quatorze anos, Poa. Carrega uma trouxa formada pelas redes de todo mundo e uma panela vazia. Wilson, enfim, carrega normalmente sua própria mochila — presente da Funai — com arroz para os carregadores. O tempo urge. Queremos caminhar o máximo, enquanto o sol não está muito alto. Depois, sabemos muito bem, será mais difícil, fará muito calor.*

*Os índios se levantam, ajustam as bagagens. Acabaram depressa. Pedrão é que leva o volume mais pesado. Pede a Antonio que o ajude a colocá-lo. A correia é passada no alto de sua fronte e o saco se apoia em suas costas. A cabeça parece estar aparafusada no corpo e, se quiser olhar para o lado, tem de se virar completamente.*

*Sem uma palavra, Alfredo parte na frente. Seguimo-lo. Wilson nos segue como uma sombra, mas os outros atrasam um pouco. Caminhamos durante algum tempo e dentro em pouco eles nos alcançam. A carga dos índios varia de trinta quilos para Pedrão a dez quilos para Luís, que está com o saco da câmera. Além disso, cada um leva suas armas: uma velha carabina com a inscrição "Funai" de Pedrão, um cinturão com um revólver do intérprete, arcos e flechas dos outros. Apenas Poa está desarmado.*

*Apesar de nossa prática, não carregamos a rigor coisa alguma, a não ser a máquina fotográfica que trago pendurada no pescoço e cujo peso é diminuto. Não se trata de um excesso de colonialismo, mas é o único meio de compensar a diferença entre nossa resistência e a dos índios.*

(Richard Chapello. *Os índios cintas-largas*. São Paulo: Edusp, 1982.)

Lendo esse texto, podemos discutir vários aspectos da relação que existe entre o modo de vida dos povos indígenas e as florestas. O texto nos mostra como os cintas-largas conhecem a floresta onde vivem. Estar nela é sentir-se em casa. Na verdade, é mais do que sentir, pois a floresta é a extensão de sua própria vida. Não é simples conhecer e interpretar como isso acontece. Mas é muito importante respeitar como o seu modo de viver, pensar e trabalhar diferente garante a sua permanência nas florestas tropicais.

Vejamos outra história:

### Os do mato

*Quem chega a um acampamento suruí — por exemplo, ao palmar onde buscam palha para as casas novas — tem uma visão do paraíso. Nos fogos dos vários tapiris erguidos às pressas, caça abundante: tatu, porco-do-mato, nambu, macaco. Guias cheias de gongos (larvas de coquinhos de tucumã), acepipe comparável a camarões fritos, com sabor de dendê; palmito em profusão; cajus vermelhos — tudo, enfim, que costuma ser raro na aldeia. Em meio à frescura do mato, ao riacho próximo, aos coquinhos pelo chão, às folhas de palmeira, só aí encontradas, é exibida a fartura.*

(Betty Mindlin. *Nós paiter*. Petrópolis: Vozes, 1985.)

O texto trata da fartura promovida por aquilo que a floresta oferece aos suruís de Rondônia. A autora desse texto segue dizendo que é compreensível que os índios sonhem em viver sempre assim, no jogo de caça e pesca, com os dons e alimentos da floresta, sem a árdua batalha da roça. Na verdade, os suruís têm um sistema de divisão de trabalho que se alterna a cada ano, um mais ligado à roça, outro ao mato (caça e coleta). O trabalho na roça acontece durante a estação seca, no *metare*, que quer dizer "clareira" ou "mato ralo", a 500 ou a mil metros da aldeia.

O trabalho da roça ou da comida (os "íwaí") deve prover às festas a *makaloba*, nome também da bebida fermentada com a qual os suruís se embriagam levemente. Feita de cará, mandioca, milho ou outro farináceo, a *makaloba* é ingerida em quantidade por homens e mulheres.

A divisão entre mato e roça mostra uma relação de convívio, transformação e dependência que os suruís têm da floresta.

Os dois textos anteriores demonstram o quanto é fundamental a conservação das florestas tropicais e o respeito a essas formas de relação que podem ser referências para novas estratégias de sustentabilidade das florestas.

Uma das questões mais importantes, com relação à conservação das florestas tropicais, é tornar viável às populações locais uma sobrevivência digna. Ou seja, o desafio é tratar da sustentabilidade respeitando a pluralidade cultural. E não só os indígenas têm uma forma particular de se relacionar com a floresta: também os habitantes de quilombos, os ribeirinhos, os caiçaras, enfim, outros segmentos culturalmente diferenciados ocupam as florestas tropicais e devem ter sua forma de vida respeitada.

Muitos exemplos de iniciativas de manejo socioambiental vêm sendo implantados, principalmente na Amazônia, com o objetivo de viabilizar economicamente a exploração da floresta, admitindo a parceria com indígenas ou com seringueiros. É o caso das reservas extrativistas e de alguns projetos de recuperação de áreas degradadas ou de sistemas agroflorestais. São projetos que renunciam ao desmatamento como forma de ocupação e consideram que a presença indígena na Amazônia tem muito a ensinar sobre outras formas de convívio com a floresta. Nesse sentido, reconhecer que as florestas tropicais estão ocupadas e efetivamente vêm sendo manejadas há milênios por esses povos é um dos princípios da conservação.

Para fazer valer esse princípio, é preciso reconhecer, além das terras indígenas, o manejo tradicional indígena da floresta como ambientalmente apropriado. A garantia das terras é imprescindível para conservar e melhorar a qualidade de vida dessas populações. Essa não é uma questão simples, pois identificar, demarcar e reconhecer o direito às terras passa por uma série de conflitos de ordem política e social. No Brasil, a luta pela terra indígena tem sido uma árdua batalha.

# O que podemos aprender com as experiências conservacionistas dos povos indígenas?

Os povos indígenas conhecem a diversidade biológica das florestas e a potencialidade que ela oferece para a sua sobrevivência. Vejamos algumas práticas indígenas.

## A coleta

Os índios coletam grande diversidade de plantas silvestres e de produtos animais. A coleta é feita para atender às necessidades de matéria-prima para suas manufaturas, alimentos e remédios. Utilizam as plantas para a confecção de coberturas de casas, cordas, óleos, ceras, combustíveis, ferramentas, ornamentos, perfumes, unguentos, pigmentos, tinturas, como lenha, etc. Os produtos de alguns insetos são também utilizados, como o mel, a cera e a resina obtidos das abelhas.

O valor dos estudos sobre o conhecimento indígena e popular a respeito dos produtos da coleta está nas suas possíveis aplicações no campo da farmacologia e da indústria. Apesar de já existir uma farta contribuição dos índios nesse campo, a retribuição que receberam por troca de conhecimentos foi muito pequena. É muito importante que se estabeleça uma forma de recompensa ética e econômica pela transferência dos saberes indígenas em relação à utilização da biodiversidade das florestas tropicais.

## A caça

Os índios caçam diversas espécies de mamíferos, aves e répteis. Conhecem muito sobre a vida e o comportamento desses animais nas florestas. Os ianomâmis, por exemplo, alternam os locais onde praticam a caça para tirar proveito do aumento da fauna produzido pelo efeito de borda. Esse efeito ocorre quando há sobreposição de hábitats (ou biótopos) nas áreas de caça. Existe também uma espécie de recenseamento indígena que indica os melhores períodos e locais para caçar sem exterminar a caça.

A caça nas florestas tropicais é um assunto delicado. Vimos que a fragmentação das florestas afeta sensivelmente as populações de animais, principalmente daqueles mais visados pelos caçadores. Muitos dos animais em risco de extinção compõem o rol de animais caçados imemorialmente pelos povos indígenas. Ocorre também que a carne de caça é um item fundamental da dieta dos povos indígenas, por fornecer proteínas e gorduras, que proporcionam vigor e resistência às doenças.

Como garantir a prática da caça na situação atual de degradação e de risco de extinção? Existe uma proposta de manter os animais de caça em estado de semidomesticação nos locais de roças abandonadas ou num sistema integrado de manejo de forma que esses animais sejam atraídos para junto de plantações de árvores frutíferas, das quais se alimentam. Alguns pesquisadores vêm sugerindo a criação de uma espécie de fazenda de caça como alternativa para garantir o fornecimento de carne de caça. A cutia (*Dasyprocta sp*), a capivara (*Hydrocherus hidrochoeris*) ou o mutum (*Crax sp*) são animais que suportam bem a semidomesticação em capoeiras, sítios fechados ou nas proximidades de hortas domésticas.

## A hidrocultura

Hidrocultura é o manejo de sistemas aquáticos. Populações indígenas, principalmente da Amazônia, utilizam-se de inúmeras espécies de peixes, répteis e mamíferos aquáticos e também de algumas plantas aquáticas ribeirinhas e lacustres. A biota aquática, isto é, o conjunto de seres animais e vegetais que vivem na água, constituía a fonte mais rica em proteínas para a maioria dos grupos indígenas dessa região. Os índios conhecem os padrões de migração e reprodução dos peixes e detêm um inventário desses animais.

Assim como a caça, formas predatórias de utilização da floresta vêm colocando em risco recursos pesqueiros na região, como peixes e tartarugas, fontes de proteína para os indígenas. Desde a época pré-colonial os índios já criavam tartarugas em currais. A prática da criação de tartarugas, assim como a de jacarés, poderia ser incentivada.

## A agricultura

Muitas plantas foram domesticadas pelos povos indígenas, fato que costuma ser ignorado pelos governantes das regiões de florestas tropicais. A domesticação de plantas pelos indígenas inclui espécies empregadas para fins medicinais, como repelentes de insetos, corantes e matérias-primas para manufaturas, além das utilizadas para a alimentação. A diversidade de cultivos indígenas confirma a existência de grande estoque genético dessas plantas e oferece a oportunidade de proteger plantas adaptadas a fatores ambientais variados, como diferentes tipos de solo, por exemplo. A agricultura indígena não simplificou a diversidade. Ela se baseia na utilização de um conjunto de variedades de uma mesma planta, ao passo que a agricultura ocidental pautou-se pela eliminação da complexidade, mediante a imposição de um número limitado e controlado de monoculturas específicas e altamente rentáveis. A tentativa de transpor aos trópicos práticas agrícolas do mundo temperado resultou na erosão dos solos, na sua compactação, lixiviação e na invasão de pragas e doenças.

Frequentemente, a imposição da agricultura dos países temperados nos países tropicais se justificou pela falácia de que o sistema de lavoura indígena era primitivo e ineficaz. Hoje, muitos técnicos e pesquisadores reconhecem que o sistema de cultivo indígena é mais complexo que o importado — e de modo geral mais bem adaptado às condições tropicais — e que, ainda que caracteristicamente de subsistência, pode produzir excedentes para o mercado.

## O manejo indígena

As sociedades indígenas normalmente identificam na floresta certos espaços de onde provêm os recursos de que necessitam. Esses espaços têm sido chamados pelos antropólogos de *unidades de recursos*. Os grupos indígenas conhecem intimamente tais lugares e os visitam periodicamente para colher seus produtos. As unidades de recursos podem ser áreas de adensamento natural de árvores, plantas rasteiras e animais. Essas áreas são manejadas pelos índios da seguinte forma: durante caminhadas na mata eles espalham sementes aleatoriamente, promovendo assim seu adensamento artificial. As antigas capoeiras podem servir como unidades de recursos, utilizadas de tempos em tempos.

Antigas roças também constituem unidades de recursos, porque produzem uma variedade de alimentos que atrai animais silvestres, como porcos-do-mato, coatis, pacas, cutias, veados, araras, papagaios, mutuns e jacus. É muito importante, nos planos que visam à conservação das florestas e à demarcação de terras indígenas, levar em conta as unidades de recursos, inclusive as que ficam distantes das aldeias.

---

### O uso das plantas silvestres da América do Sul tropical

*Diversas espécies de palmeiras desempenham um papel fundamental na cultura dos povos nativos, como a palmeira-buriti* (Mauritia flexuosa), *que foi o sustentáculo econômico dos warraus. Dela, esse povo obtinha madeira para palafitas, fibra para vestimentas, ornamentos, redes e apetrechos de pescaria, goma para fazer pão, seiva para produzir vinho, frutos para uma espécie de bebida e folhas para cestos. Extraíam também grandes lagartas comestíveis dos troncos em decomposição.*

*A pupunha ou palmeira-de-pêssego* (Bactris gasipaes) *é outra árvore cultivada há muito pelos índios, apesar de vicejar também em estado selvagem. O fruto comestível da espécie cultivada perdeu a casca espessa, característica das variedades silvestres. Diz-se que essa palmeira é semicultivada, porque as espécies agrestes são muitas vezes preservadas em clareiras na mata e cuidadas, tais como as de cultivo.*

# Capítulo 14

# Conservação de florestas, educação ambiental, turismo e ecoturismo

A educação ambiental e o ecoturismo são atividades que cumprem alguns objetivos comuns. Apesar de a educação ambiental ser uma proposição mais abrangente, preocupada com metas a longo prazo, podemos dizer que ambos procuram difundir os ideais conservacionistas, por meio de conhecimento, respeito e solidariedade com as gerações futuras.

## A educação ambiental

As práticas de educação ambiental surgiram como estratégia associada ao ideário conservacionista. Na conferência da ONU, realizada em 1977, em Tbilisi, na Geórgia, foi delineado como objetivo fundamental da educação ambiental "fazer com que os indivíduos e as coletividades compreendam a natureza complexa do meio ambiente natural e do criado pelo homem, resultante da interação de seus aspectos biológicos, físicos, sociais, econômicos e culturais, e adquiram os conhecimentos, os valores, os comportamentos e as habilidades práticas para participar responsável e eficazmente na preservação e na solução dos problemas ambientais e na questão da qualidade do meio ambiente".

As primeiras iniciativas para promover uma educação ambiental em florestas tropicais foram praticadas por grupos ambientalistas de universidades e de organizações não governamentais, preocupados, num primeiro momento, em reaproximar as pessoas das cidades aos ambientes menos humanizados. Através de passeios monitorados eles procuravam sensibilizar os visitantes para a necessidade de conhecer e proteger o meio ambiente. As visitas ocorriam, em sua grande maioria, em unidades de conservação, que aos poucos também consolidavam espaços para que esse trabalho pudesse ser realizado. As trilhas de visitação dos parques até hoje cumprem essa função. Esse fato foi possível justamente porque os parques têm como importante característica estarem abertos à visitação pública.

O trabalho de visitação vem se modificando. No início, a prática da observação, descrição e sensibilização eram fundamentais para os professores ou outros monitores que promovessem essa atividade. Atualmente se praticam várias modalidades de atividades ligadas à educação ambiental, como a visita acompanhada descritiva, o trabalho de pesquisa de campo, o trabalho artístico em campo, o estudo do meio e a leitura da paisagem, entre outros. Os objetivos continuam os mesmos, mas os projetos educativos mudaram, ganhando contornos mais interdisciplinares. Algumas atividades, dependendo da faixa etária e dos objetivos educacionais, têm enfoque socioambiental, mostrando e discutindo aspectos das políticas públicas e da pesquisa sobre conservação.

Hoje vemos desenvolverem-se numa mesma área de floresta atividades baseadas em diferentes enfoques sobre o que seja um programa de educação ambiental.

As escolas são as instituições privilegiadas para desenvolver a educação ambiental, uma vez que sua tarefa vai além da simples informação sobre os ecossistemas. Muitos projetos educacionais incluem a temática ambiental em seus currículos, e a floresta tropical, como vimos, é extremamente rica nesse campo. O tema floresta tropical ultrapassa a barreira entre as disciplinas, podendo ser desenvolvido por um conjunto de áreas, tais como a Biologia, a Geografia, a Antropologia, a Economia e as Artes, entre outras.

---

### *Recomendações importantes ao visitante de uma área protegida*

*Quando visitar uma área protegida, colabore com a sua conservação, observando as seguintes recomendações:*

- *respeite os funcionários: eles orientam, auxiliam e cuidam da sua segurança e da unidade;*
- *respeite os costumes das comunidades tradicionais da região;*
- *leve um saco para recolher seu lixo;*
- *use calçados leves e antiderrapantes;*
- *comunique aos funcionários da unidade o roteiro de sua caminhada;*
- *caminhe somente acompanhado e nas trilhas demarcadas;*
- *visite cavernas acompanhado;*
- *evite fumar: você sentirá melhor o ar puro e evitará incêndios;*
- *evite colocar as mãos em locais cheios de folhas ou buracos, pois eles podem abrigar animais peçonhentos;*
- *evite perturbar os animais;*
- *evite retirar qualquer tipo de material da unidade;*
- *evite deixar vestígios;*
- *em caso de emergência, solicite o atendimento de primeiros socorros da unidade.*

---

## ■ Turismo e ecoturismo

O turismo é uma das atividades que vêm se tornando fonte significativa de rendimentos para a economia de muitos países. Contudo, o desenvolvimento da indústria do turismo não planejada e mal dirigida tem resultado na degradação acelerada dos ambientes.

Curiosamente, o turismo degrada aquilo que é seu próprio recurso. Muitos lugares do Brasil já foram destruídos pelo turismo ao se tornarem modismos, ou quando sua paisagem foi excessivamente divulgada pela mídia ou pelos empresários do turismo. Para o empresário é relativamente fácil recuperar os seus investimentos com o turismo a curto prazo, mudando as visitações para outro local, mas os lugares degradados são em geral abandonados, cabendo aos governos reverter os efeitos da degradação. Em geral, esse processo é muito caro e tecnicamente difícil, sendo, em muitos casos, impossível restaurar esses ambientes e resolver o lastro de problemas socioeconômicos resultantes do turismo mal planejado e afoito pelo lucro fácil.

No Brasil, esse turismo depredatório vem ocorrendo principalmente no domínio das matas Atlânticas e ecossistemas associados das zonas litorâneas. Essas áreas podem proporcionar recreio e descanso, sendo muito procuradas, por exemplo, as praias de areia fina, os estuários, as lagoas e águas interiores e as ilhas para a caça submarina. No caso da mata Atlântica, essa forma de turismo litorâneo é hoje um dos principais fatores que levam ao desmatamento, principalmente por causa da abertura de caminhos e estradas e da implantação de condomínios de casas de veraneio.

O Estado de São Paulo perdeu quase todas as suas matas de planície e vegetação de restingas, em consequência da urbanização associada ao turismo. Pelo mesmo processo passaram os Estados do Rio de Janeiro, Espírito Santo e Paraná. Perdeu-se também o modo de vida de muitas regiões de tradições culturais diferentes da dominante, que colaboravam com a conservação das florestas. Os benefícios potenciais sempre apontados pelos planejadores do turismo na verdade poucas vezes aparecem; o que se percebe é uma profunda desconsideração com relação a:

• direitos tradicionais de acesso aos recursos;

*A Ilha Comprida, localizada no litoral sul de São Paulo, é uma ilha sedimentar coberta por vegetação de restingas. Os loteamentos implantados nas últimas décadas têm promovido a destruição da cobertura vegetal original, alterando cursos d'água e poluindo (por esgoto doméstico) os lençóis de água subterrânea.*

- significado, para as populações locais, de lugares e objetos com importância religiosa, cultural e histórica;
- ruptura dos sistemas econômicos locais e deslocamento de pessoas resultante da atribuição para desenvolvimento turístico de terras e zonas aquáticas, fontes importantes de alimentação e de rendimentos (o deslocamento de pessoas de suas terras tem frequentemente conduzido à degradação ambiental e a desmatamentos, promovendo a colonização em terras marginais e frequentemente atingindo áreas protegidas);
- mudança das atividades locais, provocando conflitos de toda ordem: desagregação da solidariedade comunitária, perda de valores socioculturais, marginalidade e atritos com turistas.

Projetos de recuperação florestal buscam alternativas para essa população que se desloca de suas terras devido à especulação imobiliária — que vem atrelada à indústria do turismo. Muitos desses projetos têm apresentado como objetivos encontrar alternativas para essas populações e redirecionar a atividade turística.

Diversos países que ainda possuem grandes extensões contínuas de florestas tropicais têm se empenhado em tirar proveito do turismo. Mas é necessário ter cuidado: as forças do mercado e a procura crescente de atividades de recreio e descanso devem basear-se nas normas de gestão ambiental. Os habitantes das nações mais ricas, que podem representar a principal fonte de rendimentos turísticos, estão cada vez mais conscientes dos perigos provenientes dos desmatamentos e dos diferentes tipos de poluição.

Qualquer intervenção humana sobre a natureza tem que responder a duas questões básicas, que definem caminhos distintos para a conservação ambiental:

- *Como* será feita a intervenção para a conservação da natureza?
- *Por quem* e *para quem* a intervenção será feita?

Todo turismo deveria ser ecológico, partindo do conhecimento prévio do ambiente. A indústria do turismo deveria se pautar no funcionamento da natureza e nos seus limites ecológicos ao projetar infraestrutura e equipamentos turísticos. Qualquer tipo de turismo tem de se adaptar às fragilidades do meio e ser capaz de gerir e controlar impactos ambientais.

Para a sociedade interessa que todo turismo seja democrático, ou seja, que ele:

- dê acesso às diversas camadas sociais;
- não isole espaços privilegiados;
- dê à sociedade educação e cultura, para estimular a solidariedade e o respeito pelas gerações futuras;
- leve em consideração um programa que implique a limitação do consumo desenfreado.

## Ecoturismo: uma nova onda turística?

O ecoturismo é o segmento de turismo que mais cresce no mundo. Representa hoje 8% do mercado global. No Brasil, onde existem cerca de duzentas agências de ecoturismo, o crescimento é de 30% ao ano. A maioria do público das agências de ecoturismo tem entre 25 e 35 anos, é formada por solteiros com curso superior; 75% são mulheres. Em 1994, "mais de dois milhões de brasileiros pagaram para ter guias que os levassem a lugares inusitados, onde caminham quilômetros a fio, escalam montanhas, descem corredeiras em botes infláveis, dormem em barracas e comem miojo" (Revista *Veja*, 1995).

Por que esse crescimento ocorre e quais são as diferenças básicas entre o ecoturismo e o turismo convencional?

O ecoturismo é necessariamente uma atividade de baixo impacto ambiental. O turista procura satisfazer necessidades legítimas de repouso, diversão, recreação e cura, além das necessidades intelectuais, espirituais e de conhecimento. De fato, a natureza oferece tudo isto. Mas, quando observamos o perfil do ecoturista brasileiro, percebemos que, para ele, muitas vezes a natureza é apenas um objeto a ser vendido, e não usufruído.

Nas unidades de conservação, em geral, e em particular naquelas onde há florestas tropicais, tem-se trabalhado o ecoturismo relacionando-o à educação ambiental. Muitas estratégias desenvolvidas em programas de educação ambiental, como visitas monitoradas, palestras de campo, exibição de filmes, etc., têm sido adaptadas a roteiros turísticos.

Uma avaliação preliminar das prioridades para a implantação de UCs mostra forte tendência em priorizar a política de visitação, agora também chamada de ecoturismo. Alguns problemas surgem de imediato. Por exemplo, muitos planos de manejo malfeitos acabam sendo a base conceitual e espacial para a implantação da atividade turística. Outro problema, ainda mais grave, é que a visitação tem se tornado uma importante fonte de renda para as UCs, que contam com orçamentos exíguos, e isso poderá desencadear um processo de mercantilização do ecoturismo indesejável e predatório.

Um aspecto igualmente importante e que desvirtua conceitualmente os objetivos do ecoturismo é a visitação desordenada e sem fundamentação ecológica. Pela lei, os parques devem ter um programa de turismo, mas muitos dos planos de manejo de parques e de outras áreas protegidas não desenvolveram adequadamente e com profundidade os planos turísticos. A situação do ecoturismo no Brasil só não se torna totalmente caótica porque muitas UCs não apresentam em seu perímetro paisagens de interesse da indústria do turismo. As florestas tropicais ainda motivam a visitação de uma parcela pequena de turistas. Aliás, em muitos projetos de UCs, deliberadamente se evitou incluir áreas com esse potencial, justamente para evitar conflitos com os interesses especulativos.

Outro problema enfrentado para a formulação de estratégias conservacionistas para as florestas tropicais é sua precária implantação. Frequentemente, a realidade atropela o plano e, na verdade, os instrumentos de manejo acabam consagrando o turismo predatório, aplicando apenas alguma maquiagem, como, por exemplo, melhorando a infraestrutura de recepção ao turista.

O ecoturismo é, sem dúvida, uma atividade compatível com a conservação ambiental, desde que não se percam de vista os cuidados necessários para a sua prática.

# Capítulo 15

# Conservação de florestas tropicais: um debate internacional

Como vimos, a conservação das florestas tropicais tem sido um tema conflituoso nos debates internacionais. Fontes de recursos, as florestas tropicais são alvo da cobiça de muitos países industrializados, seja por serem um reservatório de madeira e de essências naturais, seja por sua importância no equilíbrio ambiental mundial. Essa importância econômica tem trazido à tona muitas iniciativas e acordos comerciais. Os acordos internacionais sempre têm implicações para a soberania dos Estados que querem se reservar o direito de manejar suas próprias florestas sem ingerências externas. Dessa forma, torna-se complicado discutir problemas que estão fora das negociações internacionais, como padrões de consumo, políticas de liberalização econômica e sistemas de propriedade da terra.

Por tudo isso, no processo prévio de preparação da Carta da Terra, ocorrido antes da realização da Rio-92, logo se revelou impossível um acordo global sobre florestas. Setores ambientalistas conseguiram introduzir esse acordo nas discussões da Convenção sobre Biodiversidade e na Comissão de Desenvolvimento Sustentável (CDS).

A complexidade dos debates, tanto de conteúdo como de implicações políticas das resoluções, se dá também pela enorme quantidade de acordos e tratados existentes sobre temas ambientais. Mas mesmo assim nota-se uma tendência positiva, ocasionada justamente pelas pressões de ambientalistas, cientistas e de setores governamentais de alguns países. Há, pelo menos entre os ambientalistas, consenso sobre a necessidade de uma política ambiental global consistente, que garanta os princípios da conservação e que inclua as questões sociais. Vários cientistas e muitas organizações não governamentais propuseram, durante o processo preparatório da Rio-92, a realização de uma grande convenção sobre a biosfera, enfocando os problemas ambientais globais, prevendo uma harmonização dos tratados vigentes.

## Alguns princípios internacionais para a conservação das florestas tropicais

Existem certos princípios que vêm sendo aceitos tanto por organizações não governamentais quanto por cientistas e alguns órgãos de governo. Entre eles, podemos citar os seguintes:

- As florestas tropicais são ecossistemas variados e complexos. Portanto, o seu manejo deve levar em conta o equilíbrio do conjunto de fatores bióticos e abióticos dos quais dependem, garantindo os bens que as florestas podem oferecer.
- Na América Latina, onde se encontram as maiores extensões de florestas tropicais, vivem múltiplos povos, em especial os indígenas. A consideração de seus direitos territoriais, sociais e culturais, de suas formas particulares de vida e de civilização, assim como o uso dos recursos naturais, são condições indispensáveis para se construírem sociedades mais justas e sustentáveis.
- A responsabilidade pela conservação e pelo uso racional das florestas tropicais compete a toda a sociedade. Os Estados latino-americanos, que dispõem de ferramentas e instrumentos para garantir tal tarefa, devem permitir a participação dos cidadãos nas tomadas de decisão que afetem as florestas tropicais.

### Nós, índios, somos donos desta terra

"A terra indígena é demarcada porque os índios precisam viver dentro dela.

Para termos nossas roças, nossas plantações, nossas madeiras para construirmos nossas casas, nossas canoas.

Para fazermos nosso artesanato, para não perdermos nossos costumes, para podermos caçar e pescar.

A Terra indígena é para não misturarmos com o homem branco, para mantermos nossos filhos na vida tranquila.

Nós, índios, somos os donos destas terras, do mato, dos animais, das aves, temos o direito de ter nossa própria terra.

Os homens brancos não têm direito sobre essa terra, porque eles são peregrinos. Nem aqueles que nascem nessa terra têm direito, porque antes os pais deles moravam num outro país.

Somente os índios têm o direito sobre as terras indígenas."

(Matari Kayabi. *Geografia indígena — Parque Indígena do Xingu*, MEC/ISA/PNUD, 1996.)

Representantes dos povos indígenas propuseram em 1996, na Assembleia Geral das Nações Unidas, uma aliança mundial dos povos indígenas e tribais das florestas tropicais, a organização de um movimento mundial indígena. O objetivo dessa aliança é garantir o respeito aos direitos e territórios indígenas, criar instituições para buscar modelos de desenvolvimento mais justos e mais sustentáveis para assim conservar essas sociedades.

A presença indígena representa a memória mais profunda de experiências de conservação, das quais podemos tirar muitas lições para o futuro. Esses povos representam hoje mais de 95% da diversidade cultural e sua cultura representa talvez a mesma proporção de conhecimentos adquiridos pela humanidade em sua busca por viver de forma sustentável nas florestas. Assim como o mundo tomou consciência da necessidade de conservação dos ecossistemas e procurou definir *áreas protegidas, é fundamental a demarcação das terras e territórios indígenas. A globalização se converteu na incorporação de várias economias e sociedades locais ao sistema capitalista global. A experiência tem demonstrado que essa situação conduz, com frequência, ao empobrecimento material, cultural e espiritual dos povos "incorporados", à homogeneização de costumes e ao desrespeito às diferenças socioculturais. Uma globalização sustentável deveria ser a celebração dos modos diferenciados de viver, respeitando-se a pluralidade cultural do mundo. As diversidades humana e biológica são as verdadeiras riquezas do mundo e deveriam ser temas centrais da Agenda 21. A aliança indígena proposta na Assembleia Geral da ONU considera que para os próximos anos o critério de avaliação da implementação das deliberações desse documento devem ser as ações tomadas pelos governos para consolidar os direitos indígenas e seu bem-estar. Ou seja, considera-se necessário que os governos demonstrem que estão:*

- *consolidando a demarcação e o reconhecimento dos territórios indígenas e permitindo que controlem e manejem suas terras ancestrais;*
- *dando maior atenção à promoção da pluralidade cultural, inclusive reconhecendo o problema da propriedade intelectual;*
- *estabelecendo mecanismos permanentes de participação na tomada de decisões em todos os fóruns internacionais, como a Convenção sobre Desenvolvimento Sustentável, a Convenção da Biodiversidade, etc.;*
- *reconhecendo os povos indígenas nos seus processos futuros de desenvolvimento e criando políticas de conservação florestal.*

# ■ A Convenção da Biodiversidade

A Convenção da Biodiversidade estabelece que: "*O uso sustentável da biodiversidade significa também uma distribuição equitativa dos benefícios derivados do uso dos recursos genéticos florestais e uma proteção do conhecimento, inovações e práticas indígenas e de comunidades locais, assim como uma compensação (através de uma equitativa distribuição dos benefícios) pelo uso desses conhecimentos*".

# ■ Considerações finais

***Eu pensava***

*Eu pensava que no mundo,
As pessoas viviam iguais,
Tinham pensamentos iguais,
Falavam igual,
Comiam igual,
Com costumes iguais.
Mas acabei descobrindo que é tudo dife-
[rente.
Eu pensava que no mundo só existia índio.
Eu pensava que no mundo existia gente
[que não morria.
Eu pensava que no mundo tinha gente le-
[vando água para jogar lá em cima,*

*Para abastecer a floresta.*
*Eu pensava que o céu tinha fim.*
*Eu pensava que o céu era uma casa.*
*Quando eu era pequeno, pela primeira*
*[vez, chegou um avião com os brancos.*
*Eu pensei que estavam chegando do céu.*
*Eu pensava que a gente brotava que nem*
*[uma semente.*

Aturi Kayabi

James Lovelock, ambientalista que propôs no século XX a teoria de Gaia, segundo a qual a terra funciona como um grande organismo vivo, chamou a atenção para o fato de que ainda hoje sabemos muito mais sobre o espaço sideral do que sobre as florestas, embora o volume de pesquisas realizadas sobre elas tenha crescido significativamente nos últimos anos. De fato, apesar da enorme importância das florestas e das iniciativas de conservação, ainda conhecemos pouco sobre elas. Isso pode não parecer tão grave, mas quando pensamos que planetas e estrelas provavelmente continuarão onde estão por milhares de anos, inatingíveis sob muitos aspectos, e que as florestas tropicais continuarão sendo destruídas a cada segundo que passa, o problema se torna gravíssimo. Por essa razão, muito se tem falado sobre conhecer, para melhor utilizar, ou sobre conhecer, para conservar. Nossa intenção foi abordar essa discussão por diferentes ângulos.

Muitas questões permanecem sem resposta. Por exemplo: quantas espécies já desapareceram e quantas estão em via de extinção? Estudiosos do assunto não poderiam responder em termos absolutos, por não conhecerem o número total de espécies existentes na Terra; provavelmente menos de 10% das espécies chegaram a receber nomes científicos. Qual o significado dessa perda para nossa vida? O que estamos deixando de conhecer?

Outra questão — a da responsabilidade sobre a conservação das florestas tropicais — também está longe de se resolver. Todos temos uma parcela de responsabilidade, mas os governos é que respondem por grande parte da conservação — e da degradação — das florestas em âmbito mundial. A responsabilidade moral dos governos na conservação da biodiversidade é semelhante à sua responsabilidade com relação à saúde pública e à defesa militar. A preservação das espécies ao longo de várias gerações está além da capacidade dos indivíduos ou mesmo de poderosas instituições privadas. Se a biodiversidade é um recurso público insubstituível, sua proteção precisa estar incorporada ao cânone jurídico.

Outra questão ainda em aberto refere-se às ponderações sobre o uso das florestas e o valor econômico da biodiversidade. É provável que a decisão de tornar a análise bioeconômica uma exigência das políticas de planejamento ambiental proteja os ecossistemas, atribuindo a eles um valor futuro. Mas de algum modo é preciso fazer com que conhecimento e razão adquiram pertinência. Uma intimidade maior com os ecossistemas poderá salvá-los, pois o valor bioeconômico e estético de cada espécie aumenta à medida que ela é examinada — o mesmo acontece com os sentimentos favoráveis à preservação. No que diz respeito às florestas, o procedimento apropriado seria a lei controlar, a ciência avaliar e a intimidade conservar. Quanto melhor o ser humano conhece um ecossistema, menor a probabilidade de que o destrua. Como disse o ambientalista senegalês Baba Dioum: "No final, só preservaremos o que amarmos, e só amaremos o que compreendermos, e só compreenderemos o que nos for ensinado".

# Glossário

ACEPTOR DE ELÉTRONS — Termo que designa as moléculas oxidantes que agem como redutores. O $CO_2$ é o aceptor natural de elétrons na fotossíntese, e o $O_2$ é o aceptor natural de elétrons na respiração.

ANGIOSPERMA — Grupo de plantas floríferas providas de sementes encerradas em um fruto.

BIODIVERSIDADE — Soma de todos os organismos vivos em um ecossistema, considerando a diversidade de espécies e as variações genéticas entre os indivíduos de cada espécie. O termo engloba também as complexas interações entre esses organismos.

CDS — Comissão de Desenvolvimento Sustentável. Foi criada através de uma resolução da Assembleia Geral da ONU, em 1992. Trata-se de uma comissão funcional do Conselho Econômico e Social da ONU (Elosoc). É composta por 53 Estados membros com mandatos de três anos. Seu papel é examinar a implantação da Agenda 2.

CLÍMAX — Nome dado à comunidade biológica que finaliza uma sucessão ecológica, isto é, à comunidade estável, que não sofre mais mudanças direcionais.

CLÍMAX CLIMÁTICO — Aquele em que os fatores responsáveis pelo crescimento das plantas são o mais favoráveis possível (solo fértil, profundo, bem drenado, com boa retenção de água entre as chuvas), de maneira que a vegetação reflete as condições do clima.

COLEÓPTERO — Ordem da classe dos insetos na qual se encontram os besouros.

COMUNIDADE — Todos os organismos que vivem em determinado hábitat e se afetam mutuamente como partes da teia alimentar ou por meio de suas variadas influências sobre o meio ambiente.

DECÍDUA — Planta que perde todas as folhas durante um período do ano, geralmente o inverno ou a seca (estiagem).

DESENVOLVIMENTO SUSTENTÁVEL — Desenvolvimento baseado no uso adequado da terra e da água, que possibilita sustentar a produção sem deterioração ambiental e, idealmente, sem perda da biodiversidade nativa.

DÍPTEROS — Insetos da ordem *Diptera*; possuem um par de asas. São as moscas e os mosquitos, por exemplo.

ECOSSISTEMA — Conjunto dos relacionamentos mútuos entre um meio ambiente e os seres vivos que o habitam.

ECOTURISMO — Turismo voltado para a exploração das características atraentes e interessantes do meio ambiente, incluindo a fauna e a flora.

ENDÊMICA — Espécie característica de determinado local e só encontrada ali.

EPÍFITA — Planta que vive sobre outro vegetal, apoiando-se nele, de maneira neutra ou benéfica. As epífitas não são parasitas.

ESPECIAÇÃO — Processo de formação de espécies; sequência completa de eventos que levam ao desmembramento de uma população de organismos em duas ou mais populações isoladas reprodutivamente umas das outras.

ESPECIAÇÃO ALOPÁTRICA — Desmembramento de uma população em duas ou mais subpopulações ocasionado por barreira geográfica — estreito marinho, vale de um rio, cadeia de montanhas, etc., seguido de divergência evolutiva das subpopulações, até que elas se tornem espécies plenas.

ESPECIAÇÃO GEOGRÁFICA — O mesmo que *especiação alopátrica*.

ESPECIAÇÃO SIMPÁTRICA — Desmembramento de uma espécie ancestral em duas espécies filhas, sem a intervenção de uma barreira geográfica separando a população ancestral em populações isoladas.

ESPÉCIE — Unidade básica de classificação biológica, compreendendo organismos similares e intimamente aparentados. A espécie pode ser definida de muitas maneiras. É usual considerar a reprodução sexuada como referência: os organismos que em condições naturais se entrecruzam livremente uns com os outros constituem uma espécie.

EVOLUÇÃO — Em biologia, qualquer mudança na constituição genética de uma população de organismos.

EXTINÇÃO — O fim de uma linhagem de organismos, seja uma espécie, seja uma categoria superior (como gênero ou filo).

FAUNA — Todos os animais encontrados em determinado lugar.

FITOSSOCIOLOGIA — Parte da botânica que trata das comunidades vegetais no que se refere à origem, estrutura, classificação e relações com o meio.

FLORA — Todas as plantas encontradas em determinado lugar.

GAIA — A deusa da Terra, na mitologia grega. É conhecida também pela forma latina *Gea*. A palavra *gaia* vem sendo utilizada para se referir à ação recíproca dos organismos que se adaptam ao ambiente físico e também adaptam o ambiente geoquímico às condições necessárias a sua sobrevivência (Hipótese de Gaia).

HÁBITAT — Conjunto de características ecológicas de um local, como as margens de um lago ou uma floresta, onde vive um indivíduo ou uma população.

HELIÓFITA — Planta adaptada ao crescimento em ambiente aberto ou exposto à luz direta.

HERBÁCEA — Planta desprovida de caule lenhoso persistente.

LATIFOLIADA — De folhas largas.

LIXIVIAÇÃO — Remoção de materiais presentes no solo pela ação da água de infiltração.

MESÓFILA — De folhas de tamanho médio.

NICHO — Lugar ocupado por uma espécie em seu ecossistema — onde vive, o que come, sua rota de cata de alimento, as estações de suas atividades e assim por diante.

PECÍOLO — Ramo que sustenta uma folha.

PERENE — Planta que vive por três ou mais anos, florescendo ou não todos os anos.

PERENIFÓLIA — Árvore que tem folhas perenemente; oposto de *caducifólia*.

PLANO DE MANEJO — Nome do documento oficial que contém o planejamento para a administração de uma unidade de conservação. O plano de manejo (também chamado de plano de gestão) deve ser adequado às características da UC e definir a divisão de sua área em zonas: zona intangível, zona primitiva, zona de uso extensivo, zona de uso intensivo, zona histórico-cultural, zona de recuperação e zona de uso especial.

PLANTAS VASCULARES — Plantas que dispõem de vasos (tubos) para o transporte de seiva: Pteridófitas, Gimnospermas e Angiospermas.

PNEUMATÓFOROS — Raízes com geotropismo negativo — isto é, que se afastam da Terra —, que, ao fornecer oxigênio às partes submersas, funcionam como órgãos de respiração. Apresentam orifícios (lenticelas), em toda a sua extensão. Essas raízes atingem o nível das marés altas.

PROTOZOÁRIO — Membro de um grupo de organismos unicelulares, incluindo amebas, ciliados e outros.

SEMIDECÍDUA — Planta que perde parcialmente as folhas durante um período do ano, nunca ficando completamente desfolhada.

SERAPILHEIRA — Camada superficial dos solos sob florestas, consistindo em folhas caídas, ramos, cascas e frutos. Equivalente ao horizonte zero dos solos minerais.

SILVICULTURA — Ciência que tem por finalidade o estudo e a exploração das florestas. Também pode significar a cultura de árvores florestais.

VERTENTE — Declive de montanha por onde derivam as águas pluviais; encosta.

XERÓFILA — Planta capaz de crescer em solos com pouca umidade disponível.

# Bibliografia comentada

ALHO, C. J. R. Maneje com cuidado: frágil. *Ciência Hoje*, Rio de Janeiro, v. 8, n? 46, p. 40-7, 1988.
Artigo que discute a necessidade de manejar as florestas tropicais brasileiras e o modo como esse manejo vem sendo feito. Apresenta um breve histórico das políticas conservacionistas e lança um alerta sobre os riscos do desmatamento.

ANGELO-FURLAN, Sueli. Geoecologia: o clima, os solos e a biota. *Geografia do Brasil*, São Paulo: Edusp, 1996. p. 67-198.
Esse texto procura dar um panorama geográfico do relacionamento entre seres vivos e fatores do meio físico. Trata-se de uma discussão sobre a geografia física do ponto de vista das relações entre o funcionamento da natureza e algumas transformações produzidas por atividades humanas, tais como o desmatamento.

––––––. Unidade de conservação insular: considerações sobre a dinâmica insular, planos de manejo e turismo ambiental. In: GERAIGES LEMOS, A. I. (org.). *Turismo*: impactos socioambientais. São Paulo: Hucitec, 1996. p. 114-36.
Esse artigo discute a conservação ambiental de ecossistemas insulares brasileiros, principalmente dos que representam os fragmentos de mata Atlântica do litoral sudeste do Brasil. Apresenta uma análise da abordagem generalista dos planos de manejo de unidades de conservação, apontando algumas diretrizes para a conservação de fragmentos de mata Atlântica. Discute o turismo: a voracidade com que o litoral vem sendo ocupado e os impactos ambientais sobre esse ecossistema.

BRASIL. Ministério das Minas e Energia. Fitogeografia brasileira. *Boletim Técnico Projeto Radambrasil*, Série Vegetação, Salvador, n? 1, 1982. 86 p.
Documento que classifica os tipos de cobertura vegetal que ocorrem no Brasil, seguindo a nomenclatura internacional. O texto descreve cada um dos tipos conforme levantamento feito no projeto Radambrasil.

BROWN, J. H., GIBSON, A. C. *Biogeography*. St. Louis: Mosby Co., 1983. 643 p.
Livro que trata, de modo abrangente, de todas as abordagens teóricas da biogeografia, destacando o campo da ecologia e da história natural. Leitura básica para quem busca estudar a conservação ambiental.

CÂMARA, I. de G. *Plano para a mata Atlântica*. Fundação SOS Mata Atlântica, São Paulo: 1991. 152 p.
O autor mostra os principais problemas que a mata Atlântica vem sofrendo, apontando caminhos para o manejo dos trechos remanescentes.

CARBONARI, M. P. Ecossistema insular: importância de seu estudo. *Caderno Ciências da Terra*. São Paulo: Igeog USP, 1981.

Artigo que discute o manejo de ecossistemas fragmentados tanto por processos naturais quanto por ação humana. É uma pequena resenha da utilização do conceito de ilha como base para a formulação de políticas conservacionistas de ecossistemas cuja área foi reduzida. Trata da teoria da biogeografia insular, que foi utilizada como base teórica para a criação de parques e reservas.

DIEGUES, A. C. S. *O mito moderno da natureza intocada*. São Paulo: Nupaub USP, 1994.

Uma retrospectiva histórica da legislação ambiental, sob enfoque social e cultural. Analisa o modo como a política brasileira se inspirou em modelos importados e critica as diferentes concepções de conservação ambiental, discutindo o preservacionismo e os conflitos com o modo de vida das pessoas que vivem nas áreas de parques e reservas.

———, NOGARA, P. *Nosso lugar virou parque*. São Paulo: Nupaub USP, 1994.

A política nacional de unidades de conservação, na ótica das pessoas que moram em lugares transformados em UCs. Trata dos problemas que a população litorânea, especialmente os pescadores artesanais, enfrenta e de sua luta pela sobrevivência.

FEARSIDE, P. Processos predatórios na floresta tropical úmida da Amazônia brasileira. *Estudos Avançados*, São Paulo, v. 3, n°. 5, p. 21-35, 1988.

Artigo sobre o processo histórico de desmatamento nas florestas Amazônicas: analisa as taxas de desflorestamento nas últimas décadas e discute as causas de sua progressão; relaciona os dados com os processos migratórios, as políticas públicas de assentamentos rurais, a construção de hidrelétricas, a exploração da madeira, os projetos minerários, etc.

HUECK, K. *Florestas da América do Sul*: ecologia, composição e importância econômica. Brasília: Editora Universidade de Brasília/Polígono, 1972, 465 p.

Um tratado sobre as formações vegetais brasileiras, destacando os diferentes tipos de floresta. Texto bem escrito, com dados e descrições fundamentais sobre a vegetação, o clima, os solos e o relevo, entre outros aspectos, de todos os domínios vegetais do Brasil.

IBGE. Manual técnico da vegetação brasileira, Série Manuais Técnicos em Geociências, Rio de Janeiro, n°. 1, 1992, 92 p.

Documento oficial do Instituto Brasileiro de Geografia e Estatística que apresenta a classificação geral das formações vegetais brasileiras. Adota a nomenclatura internacional.

MANTOVANI, W. A dinâmica das florestas na encosta Atlântica. In: *II Simpósio dos Ecossistemas da Costa Sul-Sudeste*: estrutura, função e manejo. São Paulo: Aciesp, 1990. v. 1. p. 304-13.

Texto que analisa como se comporta a floresta Atlântica das encostas da serra do Mar quanto à sucessão ecológica, à dispersão de sementes, ao repovoamento de clareiras, etc. Um trabalho importante sobre o funcionamento desse ecossistema.

MOLION, L. C. B. A Amazônia e o clima da Terra. *Ciência Hoje*, Rio de Janeiro, v. 8, n? 48, p. 42-7, nov. 1988.
Artigo que resume como floresta e clima se relacionam na Amazônia. Através de dados experimentais, analisa a contribuição da floresta no balanço energético da atmosfera e na evapotranspiração da região.

SALATI, E. A floresta e as águas. *Ciência Hoje*, Rio de Janeiro, v. 3, n? 16, p. 58-64, jan./fev. 1985.
O autor relaciona as florestas Amazônicas com os diferentes tipos de água da bacia hidrográfica, analisando o papel ecológico da floresta nos ambientes aquáticos da região.

———, SHUBART, H. O. R., OLIVEIRA, A. E. de. *Amazônia*: desenvolvimento, integração e ecologia. INPA/CNPq, 1983.
Livro que aborda vários temas da ecologia da Amazônia. Inclui capítulos sobre geomorfologia, geologia, clima e utilização da floresta.

SCHIERHOLZ, T. Dinâmica biológica de fragmentos florestais. *Ciência Hoje*, Rio de Janeiro, v. 12, n? 71, p. 21-9, mar. 1991.
Artigo sobre estudo do funcionamento de "ilhas" ambientais de floresta tropical. Fala sobre o efeito de borda, sobre as mudanças microclimáticas que ocorrem em ambientes florestais fragmentados e sobre o comportamento da avifauna nesses fragmentos.

UHL, C., NEPSTAD, D. SILVA, A. M. C. Restauração da floresta em pastagens degradadas. *Ciência Hoje — Eco-Brasil*, Rio de Janeiro, p. 140-9, 1992.
Importante artigo sobre experimentos de recomposição e recuperação de florestas em pastagens degradadas na Amazônia. Descreve e discute os problemas e soluções encontrados para conduzir o reflorestamento em áreas degradadas.

VITOR, M. A. M. *A desvastação florestal*. São Paulo: Sociedade Brasileira de Silvicultura, 1975. 48 p.
Artigo pioneiro sobre a progressão do desmatamento da mata Atlântica no Estado de São Paulo. O autor descreve a metodologia por ele criada para estimar a perda de cobertura vegetal no Estado de São Paulo desde o início da colonização.

WALTER, H. *Vegetação e zonas climáticas*. São Paulo: EPU, 1986. 325 p.
Livro que trata da classificação da cobertura vegetal mundial de acordo com as zonas climáticas. Uma obra básica de fitogeografia que aborda relações entre vegetação e clima.